# WAS SAGT MIR MEINE KINDHEIT?

# WIDMUNG

Dieses Buch ist allen Menschen gewidmet, die sich zum Gestalter ihres Lebens machen und die Hemmnisse der Kindheit hinter sich lassen wollen, die ihr Leben als einen Garten sehen, der zwar in der Kindheit angelegt wurde, den sie aber jederzeit zu einem Ort ihres Glücklichseins ausbauen können.

Ungekürzte Taschenbuchausgabe

|  |  |
|---|---|
| ISBN: | 978-3-7088-0603-7 |
| Copyright: | Kneipp-Verlag GmbH und Co KG |
|  | Lobkowitzplatz 1, A-1010 Wien |
|  | www.kneippverlag.com |
| Autorin: | Dr. Julia Umek |
| Lektorat: | Mag. Eva Manhardt |
| Korrektorat: | Franz Ebner |
| Grafik: | Raimund Lhotak, Sebastian Carl |
| Covergestaltung: | Silvia Wahrstätter (www.buchgestaltung.at), |
|  | Raimund Lhotak |
| Coverfoto: | iStockphoto.com/Alex Motrenko |
| Druck: | Theiss GmbH |
|  | A-9431 St. Stefan |
|  | Printed in Austria |

1. Auflage Oktober 2013

Dr. Julia Umek

# Was sagt mir meine Kindheit?

Die eigene Entwicklungsgeschichte
erkennen und beeinflussen

**kneipp** verlag

WIEN

# Inhalt

## DIE REISE BEGINNT

Wie Sie entstanden sind 10

Was mir meine Kindheit sagt 11

Programmierten die Bedingungen
in der Gebärmutter mein Leben? 11

Erste Erfahrungen:
Schwangerschaft und Geburt 12

Einflüsse auf die Entwicklung
des Menschen 15

Festlegung von Lernverhalten 17

Kommunikation vom
Beginn des Lebens an 18

Eine glückliche Kindheit stärkt
fürs Leben 19

Was man sich wünschte,
als man ein Baby war 20

Bindung 23

Mutterliebe stärkt
spätere Selbstsicherheit 28

Bindung beruht
auf vier Maximen 28

Man unterscheidet
vier Bindungsarten 28

Bindung und Gesundheit 31

Fragen zu Ihrer Bindung 32

Die Bedeutung des
Vaters in der Entwicklung 34

Verbitterung – wenn das Leben
von Anbeginn an bitter war 34

Prägungsphase 37

Selbstsicherheit, Verantwortungsbewusstsein, Anpassungsfähigkeit
und Kreativität 40

Gene 42

Epigenetik 43

Wird Dicksein vererbt? 47

Traumatische Ereignisse
hinterlassen Spuren im Erbgut 48

Bin ich noch immer
das Kind von damals? 50

Wer bin ich? 51

Wie sich Gefühle entwickeln 52

Wie wirken sich Gefühle
auf die Entwicklung aus? 53

Wie wirken sich die
frühkindlichen Erfahrungen
im Erwachsenenleben aus? 55

Zwei große Wünsche der Seele,
der rote Faden in Ihrem Leben 58

Familienmotto 62

Begabungen, die sich in der
Kindheit zeigten, wiederfinden 63

Wer bin ich? – Erkenntnisse
der modernen Hirnforschung 64

Wie Sie Ihre Engramme
decodieren können 65

Bewusstheit erweitert
unsere Möglichkeiten,
etwas zu verändern 67

Das limbische System 67

Wie ein Trauma entsteht 71

Neue Sicht auf die
Bedeutung der Kindheit 74

Das Leben trotz widriger
Umstände meistern 75

# DAS VERHALTEN ÄNDERN

Was ist Verhalten? 83

Sich etwas zutrauen
– Sonne ins Herz bekommen 84

Warum bin ich
so unselbstständig? 86

Warum esse ich unentwegt,
auch wenn ich nicht hungrig bin? 87

Warum bin ich so misstrauisch? 89

Warum kann ich mich
nicht durchsetzen? 90

Warum bin ich immer
an allem schuld? 91

Warum kann ich keine
Beziehung aufrechterhalten? 92

Warum kann ich nicht alleine
sein und warum fühle ich
mich so untüchtig? 93

Warum bin ich so
ruhe- und rastlos? 94

Warum habe ich so große
Angst vor Krankheiten? 95

Wie könnten Sie werden wollen? 98

Heilsätze, die Wunden
in der Seele mildern können 100

Erlebnisse in der Kindheit
und die Auswirkungen
im Erwachsenenleben 102

So zeigt sich kindliches Verhalten
im Erwachsenenleben 103

Unsicherheit und Selbstzweifel 104

Erziehungsstile und Einfluss
auf das Selbstwertsystem 105

Bedürfnis nach Liebe 107

Missbrauch verletzt
die Seele schwer 110

„Ich kann gar nichts,
bin zu nichts nütze" 111

Arbeitssucht 112

Hartherzigkeit 114

Scham 115

Keine Fehlereinsicht 118

Entscheidungsschwäche 119

Angst vor Konflikten 120

Zukunft ist die glücklich
gelebte Gegenwart 121

„Yes, I can" als
magisches Mantra 122

Aberglaube 123

Das Auge als Tür zur Seele 125

Unglücklichmacher aus
dem Leben bannen 128

Narration – Das heilende Erzählen 133

Über den eigenen
Schatten springen 134

Nur das Beste von sich halten 134

Den roten Faden finden 134

Vier Wege, schmerzende
Verhaltensweisen der
Kindheit hinter sich zu lassen 137

Zwei Mutmach-Wege 139

Ideen, wie Sie Ihre Ressourcen
entdecken können 142

Richtiger Zeitpunkt 142

Tempo reduzieren 143

Leben im Jetzt 143

Neue Rahmen für innere Bilder 145

Sich selbst neu entdecken 146

Es ist, wie es ist 148

Für sich selber sorgen,
die Verantwortung für sich
übernehmen 149

Nein sagen lernen 150

Konflikte lösen lernen 150

Ich erschaffe mich neu:
der Wille zum Schlussstrich 151

Klüger werden 154

Glückskind statt Pechvogel 155

Holen Sie die
Glücklichmacher in Ihr Leben 155

Glücksgefühle entstehen im Kopf 156

Drei Geschichten aus dem Leben 158

Magische sieben Worte 159

*„Wer das erste Knopfloch verfehlt,*
*kommt mit dem Zuknöpfen nicht zu Rande."*
Johann Wolfgang von Goethe

# EINLEITUNG

Die Welt hat sich grundlegend verändert. Menschen, die vor 1970 geboren wurden, waren plötzlich mit vollkommen neuen Kommunikationsmitteln, wie zum Beispiel Handy, Internet, Laptop, iPod usw., konfrontiert und mussten lernen, diese zu bedienen. Neue ökonomische Bedingungen – Globalisierung, Wirtschaftskrisen, Kleinbetriebe, die keine Chance mehr haben, alteingesessene Unternehmen, die pleitegehen, staatlich geführte Betriebe, die privatisiert werden – und folglich eine Werteneuordnung – gehen an die Ressourcen jedes Einzelnen.

Ein Höchstmaß an Mobilität und Flexibilität wird uns abverlangt. Wer sich nicht laufend weiterentwickelt und weiterbildet, bleibt auf der Strecke. Alt sein ist kein Wert mehr, im Gegenteil: Wer als alt bezeichnet wird und nicht gut situiert ist, darf am allgemeinen Gesellschaftsspiel nicht mehr teilnehmen.

Werte, die unantastbar schienen, brechen weg: Eine Garantie auf den Arbeitsplatz gibt es nicht mehr und das Wochenende mit der Familie fällt auch immer häufiger der Allzeit-Verfügbarkeit zum Opfer. Arbeitslos mit 50 bedeutet, zu alt zu sein, und dementsprechend gering sind die Chancen auf einen neuen Job, unabhängig von der Qualifikation.

Partnerschaften geben auch nicht immer Halt, die gegenseitigen Erwartungen übersteigen oft die tatsächlichen Kapazitäten. Massive Kränkungen im psychosozialen Rahmen sind die Folgen.

Sinnkrisen verschärfen die existenzielle Bedrohung; wir müssen lernen, mit der Zerstörung unserer Lebensvisionen, dem Wandel der Werte und den Grenzverschiebungen umzugehen und damit zurechtzukommen, dass unser Leben immer unberechenbarer und weniger beeinflussbar ist.

Überforderung und zeitliche Belastung, erhöhte Konzentrationsanforderungen und verstärkte Emotionsarbeit sind Herausforderungen, denen nicht jeder gewachsen ist. Wer bei diesen rasanten Entwicklungen nicht mithalten kann, hat schnell das schmerzliche Gefühl, die Kontrolle zu verlieren. Die Anforderungen unserer Zeit meistern vor allem die, denen das richtige Rüstzeug in der Kindheit mitgegeben wurde.

*„Zu den wichtigsten Entscheidungen, die der Einzelne treffen kann, gehört es zu fragen, wofür er die ihm gegebene Zeit aufwenden oder investieren will."* (Mihály Csíkszentmihályi)

Die Arbeitsumwelt birgt immer mehr Unsicherheiten und immer weniger Zukunftsperspektiven, das Privatleben fordert Einfühlungsvermögen, Konfliktbewältigungsstrategien und permanente Auseinandersetzung. Wer da nicht mit einer inneren Stabilität ausgestattet ist, bleibt auf der Strecke.

Das Privatleben hat sich in den letzten Jahrzehnten massiv verändert: Partner trennen sich, Familien brechen auseinander, neue Familien finden zusammen, und in jeder dieser Beziehungen muss die Frau/der Mann ständig ihre/seine Rolle neu definieren und überprüfen. Die alten Rollenbilder funktionieren nicht mehr und einen Leitfaden für die neuen gibt es leider nicht. Frauen sehen sich Bildern von schlanken Models, Supermamas und Alleskönnerinnen ausgesetzt und Männer finden ihren Platz zwischen Karrieristen, Halbzeitpapas und durchtrainierten Leinwandhelden nur schwer.

Heute gibt es Ängste, wohin die Seele blickt: Angst vor Outsourcing, Angst vor Verantwortung bei neuer und unklarer Aufgabenstellung, Angst vor dem Verlassenwerden, Angst vor dem Alleinsein – all das verstärkt das Unsicherheitsempfinden, ein der Seele zutiefst unsympathisches Gefühl.

Menschen sind auf die Aufgaben der Jetztzeit zu wenig vorbereitet. Die Erziehung gab den Menschen zu wenige Ressourcen auf den Weg mit. Rigide Erziehungsmethoden führten dazu, dass die emotionale Schwingungsfähigkeit beeinträchtigt ist. Wir wurden nicht geschult, uns genauso schnell mitzuverändern wie unser Berufs- oder Privatleben, wir haben keine emotionalen Werkzeuge bekommen, um mit Trennungen, Verlusten und dem ständigen Wandel umgehen zu können. Deshalb greifen wir auf das zurück, was wir in der Kindheit gelernt haben, und spulen dieses Programm ab, ob es unserer Seele guttut oder nicht.

Viele Menschen nehmen sich als Opfer und als hilflos wahr und sehen sich nicht in der Lage, all das zu meistern, was das Leben mit sich bringt. Dieses Buch möchte helfen, auf die positiven Ressourcen unserer Vergangenheit zurückzugreifen und Negatives hinter sich zu lassen. Denn nur, wer mit seiner Kindheit im Reinen ist, kann im Jetzt und Hier seine volle Kraft entfalten.

## MAGISCHE SIEBEN WORTE

Begeben Sie sich nun mit diesem Buch auf eine kleine Reise durch Ihr Leben, von Ihrem ersten Herzschlag an. Prüfen Sie, ob Sie anhand der aufgezeigten Entwicklungsschritte die Stärken und Schwächen Ihrer Gedächtnisspuren erkennen können.

Am Ende dieser Reise werden Sie verstehen, dass das ganze Geheimnis eines geglückten Lebens in **magischen sieben Worten** liegt.

# Die Reise beginnt

## WIE SIE ENTSTANDEN SIND

**Beginn, ein wichtiger Tag:** Väterliche Samenzelle und mütterliche Eizelle finden sich, die Befruchtung hat stattgefunden, noch weiß niemand, dass es Sie schon gibt. Dass Sie Junge oder Mädchen sind, steht bereits fest.

1. **Schwangerschaftswoche:** Einnistung, Sie suchen sich ein Plätzchen in der Gebärmutter der Mutter und beginnen zu wachsen (Zelldifferenzierung).
3. **Schwangerschaftswoche:** Ihr Zentralnervensystem bildet sich; ab nun fühlen Sie mit Ihrer Mutter mit.
4. **Schwangerschaftswoche:** Ihr Herz ist entstanden und wird nie mehr aufhören zu schlagen, bis zu Ihrem Lebensende.
5. **Schwangerschaftswoche:** Ihre Ohren, Augen, Arme und Beine entwickeln sich.
10. **Schwangerschaftswoche:** Sie sehen schon wie ein kleiner Mensch aus und reagieren auf Stimulierung.
12. **Schwangerschaftswoche:** Lebenswichtige Organe wachsen, Ihr Kreislaufsystem arbeitet bereits.
16. **Schwangerschaftswoche:** Ihre Mutter kann Ihre Bewegungen spüren und schon sehen, wenn Sie Ihre Füßchen gegen ihren Bauch drücken.
20. **Schwangerschaftswoche:** Ihr Haupthaar beginnt zu wachsen.
24. **Schwangerschaftswoche:** Sie können schon saugen, können schon sehr lebhafte Körperbewegungen machen, Sie geben schon deutliche Lebenszeichen von sich, manchmal schlafen Sie auch gleichzeitig mit Ihrer Mutter, manchmal ist Ihnen aber nach kleinen Tänzen und Sie wecken Ihre Mutter dadurch auf.
26. **Schwangerschaftswoche:** Sie schauen schon herum, können zwar nichts sehen, aber Sie können Ihre Augen öffnen.

**36. Schwangerschaftswoche:** Sie überlegen nun minütlich, ob Sie auf die Welt kommen wollen, Ihre Mutter hat bereits alles für Ihr Kommen vorbereitet, sie freut sich sehr auf Sie, es war aber auch wirklich schon sehr mühsam, Sie, wo Sie schon ein so großes Baby waren, im Bauch herumzutragen.

**Ihre Geburt:** Sie werden zur Gestalterin/zum Gestalter Ihres Lebens.


## WAS MIR MEINE KINDHEIT SAGT

Erinnern Sie sich an Ihre Kindheit und staunen Sie, welche Wandlungen Sie durchgemacht haben. Wer oder was hat Sie dorthin gelenkt, wo Sie gerade angekommen sind? Wie war Ihr Lebensweg bis zu diesem Augenblick, wo Sie diese Zeilen lesen? Welche Architektur Ihrer Lebensgeschichte lässt sich erkennen, in welchem Haus wohnt Ihre Seele, wie sieht der Garten Ihrer Lebensinsel aus?

Wie könnte sich der **erste Augenblick** Ihres Lebens auf Ihr Leben ausgewirkt haben? (Kreißsaal, Ärzte, Stimmung etc.) Was waren Ihre ersten Erfahrungen? War es Stille, Ruhe, Freude oder Berührungsarmut, Kälte, Ablehnung, Ungeduld? Gibt es frühe Schmerzerfahrungen (Frühgeburt, Impfungen, Krankheiten), bei denen Sie ungetröstet blieben? Vielleicht erkennen Sie eine Leitmelodie Ihres Lebens.


## PROGRAMMIERTEN DIE BEDINGUNGEN IN DER GEBÄRMUTTER MEIN LEBEN?

Bereits ab einem sehr frühen Stadium der Schwangerschaft wirken die Botenstoffe der Mutter, die Gefühle wie Unglück, Angst oder Wut, aber auch Glücksgefühle auslösen, auch auf das kindliche Nervensystem. Den Kleinen entgeht nichts, sagen die Hirnforscher. Erhöht sich zum Beispiel der Blutdruck oder der Herzschlag der Mutter, werden vermehrt Hormone, zum

Beispiel Adrenalin, ausgeschüttet, die auch auf das Baby einwirken. Der Verlauf der Schwangerschaft spielt also eine wichtige Rolle. Alles, was dem Ungeborenen in den neun Monaten bis zur Geburt widerfährt, wirkt sich auch auf das heranwachsende Kind nachhaltig aus.

Man erklärt sich das so: Jeder lebende Organismus ist auf Überleben programmiert. Wenn eine schwangere Mutter, zum Beispiel weil sie selbst unter Stress steht, häufig viele Stresshormone ausschüttet, „glaubt" das heranwachsende Kind, dass es in eine Welt kommen wird, in der es ebenfalls viel Stress wird aushalten müssen. Daher wird das ganze System des heranwachsenden Kindes an diese Herausforderungen angepasst. Die Lebenszeit im Mutterleib ist der Ursprung für Anlagen, die uns ein Leben lang begleiten werden.

## ERSTE ERFAHRUNGEN: SCHWANGERSCHAFT UND GEBURT

*„Meinst du, dass es angenehm ist, geboren zu werden?"* „Geboren werden - angenehm?"*

*„Meinst du, dass die Kinder glücklich sind, geboren zu werden?"* „Ein Neugeborenes weiß doch noch gar nicht, was das ist, glücklich oder glücklich, Neugeborene haben doch keine Gefühle."*

*„Warum schreien sie dann so laut ...?"*

(Frédérick Leboyer)

Der französische Arzt Frédérick Leboyer, der Vater der sanften Geburtsmedizin, die auch als Leboyer-Methode bekannt ist, protestierte als einer der Ersten in den 1970er Jahren gegen *„grelles Licht, laute Umgebung, gleich nach der Geburt verkehrt hochgehalten und geschlagen zu werden"*, gegen *„die gefühllose, ja sogar brutale Art der Geburt"* in den Krankenhäusern, wohin sich der Geburtsakt verlagert hatte.

*„Das Neugeborene spürt alles, ... das Kind kommt an, wie ein Schiffbrüchiger, erschöpft und abgekämpft, überschwemmt*

*von einer Springflut von Empfindungen, die es nicht einordnen kann ...",* schrieb er und stellte die Forderung auf, dass das Neugeborene liebevoll und ohne unnötigen Stress *„in Würde"* auf die Welt gebracht werden soll. Aus der Geborgenheit des Mutterleibes soll sich das Neugeborene langsam an die körperliche Veränderung gewöhnen dürfen, es soll der Mutter auf den Bauch gelegt werden, um die Wärme zu spüren und die Herztöne der Mutter zu hören, die es beruhigen, es soll Zeit haben, sich von den Strapazen der Geburt zu erholen, forderte er.

Wie wichtig das Verhalten der Mutter schon in der Schwangerschaft ist, war eigentlich schon immer bekannt, es zeigt sich in den Sprüchen und Aberglauben:

*Die Wiege eines Kindes darf vor der Geburt nicht geschaukelt werden, sonst weint das Kind später viel.*

*Eine Schwangere soll essen, was ihr schmeckt, damit das Kind später nicht wählerisch beim Essen wird.*

*Man behüte eine schwangere Frau vor Ärger oder Schrecken und verschone ihr Haus vor Belästigungen. Schwangere Frauen dürfen sich nicht vor einem hässlichen Menschen oder vor einem Tier erschrecken, wenn sie sich nicht „versehen" wollen, das heißt, wenn das zu erwartende Kind nicht ein hässliches Aussehen bekommen soll.*

*Eine Schwangere soll nicht unter einer Wäscheleine hindurchgehen, sonst wickelt sich die Nabelschnur um das Kind.*

*Eine Frau, die ein Kind erwartet, darf bei einem Brand in der Aufregung nicht mit der Hand über ihr Gesicht fahren, sonst bekommt das Kind im Gesicht ein Feuermal.*

Natürlich ist das weitestgehend unsinnig, zeigt aber, dass man schon immer daran glaubte, dass das Befinden der Schwangeren Auswirkungen auf das Ungeborene hat.

Wie war Ihre Geburt? Hatten Sie Zeit, Ihre Mutter, vielleicht auch Ihren Vater, gleich kennen zu lernen, indem Sie die Stimmen hörten, weil man liebevoll zu Ihnen als drei Minuten alter Mensch sprach? Ließ man Ihnen Zeit für die Umstellung auf die selbstständige Atmung, wurden Sie dann angenehm warm gebadet und dann zum ersten Mal an die Brust Ihrer Mutter gelegt?

Hat man Sie sanft massiert, weil Sie weinten und niemand erkennen konnte warum, weil Sie noch keine Sprache hatten, die Erwachsene verstehen. Hat man alles versucht, um Gefühle des Unwohlseins sanft abzufedern?

Heute wird diskutiert, ob Stressanfälligkeit, Umgang mit Angst usw. in diesen ersten Lebensaugenblicken nachhaltig geprägt wurden.

Die pränatalen Risikofaktoren schließen auch physische Funktionen des Kindes im Mutterleib mit ein, zum Beispiel die Atmung und den Herzschlag. Schon der regelmäßige Genuss geringer Mengen Alkohol oder Nikotin wirkt sich auf die Entwicklung des Kindes negativ aus, da Alkohol und Nikotin (Gifte) über die Plazenta schnell in den kindlichen Blutkreislauf übergehen.

Eine psychische Belastung der Mutter, zum Beispiel Partnerschaftsprobleme, unbewältigbarer beruflicher Stress, Angst oder gar eine negative Einstellungen zur Schwangerschaft wirken sich nachhaltig auf das Ungeborene aus.

Dass sich Musik positiv auf das Ungeborene auswirken soll, darüber wird lange diskutiert. Tonsequenzen von Mozart und Bach seien für die Hirnentwicklung des Fötus günstig, außerdem wirken diese entspannend auf das Baby im Bauch, sagen Experten, die neuerdings in der Schwangerschaftsvorbereitung auch Übungen für das ungeborene Kind anbieten. Ob das wirklich positiven Einfluss auf die Hirnentwicklung hat, ist noch nicht erwiesen.

Das heißt aber nicht, dass die Zeit im Mutterleib spurlos am Ungeborenen vorübergeht. Im Gegenteil, es verdichten sich die Hinweise darauf, dass Einflüsse während der Schwangerschaft einen Menschen für sein ganzes Leben prägen, dass sie Krankheiten vorherbestimmen und die kognitive Leistungsfähigkeit beeinträchtigen können.

Denn durch die Plazenta dringen neben Sauerstoff auch Energieträger, zum Beispiel aus der Ernährung der Mutter, sowie Hormone in den Blutkreislauf des Ungeborenen. Über die etwa einen halben Meter lange Nabelschnur werden sie in den Körper des Kindes gebracht. Hier sorgen sie nicht nur für Entwicklung und Wachstum, sondern stellen auch die Weichen für wichtige Regelsysteme, zum Beispiel wie mit Stress umgegangen werden kann. Auch die Veranlagung zu Übergewicht, Bluthochdruck und Diabetes werden bereits im Mutterleib programmiert, ebenso psychische Störungen, wie zum Beispiel die Depression, könnten in der Zeit vor der Geburt prädisponiert worden sein.

Wie die Ernährung im Mutterleib die Hirnfunktion beeinträchtigen könnte, zeigen Experimente an Tieren. Jede Unterversorgung, zum Beispiel durch Stress oder Unterernährung der Schwangeren, bedeutet auch Stress für das Ungeborene, sodass es vermehrt dem Stresshormon Cortisol ausgeliefert ist. Ein dauerhaft erhöhter Cortisolspiegel verändert die Hormonmesssysteme im Zwischenhirn, sodass das Stresssystem zeitlebens hyperaktiv ist. Entwickeln sich die Hirnstruktur und die Stressregulierung falsch, kann das auch wichtige Neurotransmittersysteme stören, besonders die Regulation der beiden Botenstoffe Serotonin und Dopamin. Fehlfunktionen in diesen beiden Systemen begünstigen wiederum Depressionen und Schizophrenien.

Ist eine Mutter in der Schwangerschaft extrem stressbelastet, steigt das Risiko, dass das Ungeborene später stressempfindlicher und psychisch beeinträchtigt ist. Normalerweise ist das Ungeborene gut gegen Stresshormone aus dem mütterlichen Kreislauf geschützt. Ein Enzym in der Plazenta deaktiviert Cortisol. Doch ein Teil der Moleküle durchdringt das Filtersystem der Plazenta und gelangt in den Blutkreislauf des Fötus.

## EINFLÜSSE AUF DIE ENTWICKLUNG DES MENSCHEN

Bereits um die fünfte Schwangerschaftswoche lassen sich beim Ungeborenen erste Reaktionen in der Mundregion registrieren und etwa in der 33. Woche beginnt ein aktives Hören, das dem Ungeborenen auch das Hören der Stimme der Mutter ermöglicht, die es nach der Geburt erkennen können wird, wie Versuche zeigen. Daraus kann man schließen, dass es bereits ein „Erinnern" gibt.

Die vielfältigen Wechselbeziehungen zwischen Mutter und Kind während der Schwangerschaft, speziell auf die seelische Entwicklung des Kindes bezogen, sind noch nicht hinreichend erforscht; dass es diese aber gibt, ist unbestritten. Man glaubt, dass viele Ursachen späterer psychischer Störungen auf die Ungeborenenzeit oder ein Geburtstrauma zurückgehen.

Viele Kinder, speziell in den 1970er Jahren (in Teilen Europas), wurden in einem Kreißsaal mit grellem Licht geboren; sie wurden den Müttern sofort nach der Geburt weggenommen, bekamen einen Schlag auf den Po, um die Atmung zu aktivieren. Sie hätten zur Beruhigung den Herzschlag und die Körperwärme der Haut der Mutter gebraucht und niemand kann genau sagen, ob sich der „Schock" des grellen Lichtes, das Kopfübergehalten-Werden und „Geschlagen"-Werden nachhaltig auf die kindliche Seele ausgewirkt hat.

Die Erkenntnisse der Hirnforschung, die belegen, dass psychische Inhalte aus der ersten Lebenszeit, speziell die der ersten Augenblicke nach der Geburt, das Gesamtbild des seelischen Erlebens formen können, haben zu einer Umgestaltung der Geburtsstationen im Sinne eines sogenannten Rooming-in beigetragen. Rooming-in bedeutet, dass das Neugeborene von Geburt an bei seiner Mutter ist, im gleichen Zimmer, im gleichen Bett (oder in einem Bettchen daneben). Somit wird den Eltern der Kontakt mit dem Neugeborenen ermöglicht, was auch die Teilnahme des Vaters an der Geburt und den Stunden danach miteinschließt.

Eine enge Eltern-Kind-Bindung während der Schwangerschaft, wobei auch dem Vater eine wichtige Rolle zukommt, hilft beim Aufbau einer engen Bindung nach der Geburt und beeinflusst die weitere Entwicklung des Kindes positiv. Man spricht vom „perinatalen Bonding". Experimentelle Überprüfungen konnten zeigen, dass eine enge Mutter-Vater-Kind-Beziehung tatsächlich einen Entwicklungsvorsprung bringt. Kinder, die das Glück hatten, dass ihre Eltern sich auf sie freuten und eine enge Bindung vom ersten Herzschlag zu ihrem Kind hatten, zeigten vermehrt die Fähigkeit einer aktiven Selbstberuhigung und größeres Interesse an ihrer Umwelt. Diese Eigenschaften des Babys hatten eine Rückwirkung auf die Eltern; diese zeigten im Umgang mit dem Baby große Ruhe, Sensibilität und Herzlichkeit.

Im ersten Stadium, also unmittelbar nach der Geburt, festigen sich die angeborenen sensorischen und motorischen Handlungsmuster in Wechselwirkung mit der mütterlichen Umgebung. Zunächst funktionieren diese reflexartig, verwandeln sich aber schnell in Gewohnheiten, die nur ungern wieder aufgegeben werden.

Ein Kind, das gleich nach der Geburt gestillt wurde, stellt sich nur unter Schwierigkeiten und zuweilen nur sehr langsam auf die Flaschenfütterung um. Ein Kind, das von Anfang an an der Brust saugen darf, wird in den dazugehörigen Handlungsmustern immer sicherer und geschickter werden. Es wird die Brust immer schneller und zielstrebiger finden und nicht nur durch das Stillen des Hungers, sondern auch durch die Wärme und den beruhigenden, ihm bekannten Herzschlag Freude empfinden; es wird allmählich auch neue Verhaltenselemente ausprobieren, die mit dem Stillvorgang verbunden werden können. Indem diese Handlungsmuster immer wieder in gleicher Weise, mit nur geringfügigen Abwandlungen, durchlaufen werden, bilden sich „primäre Zirkulärreaktionen" heraus. Wenn hier durch das Verhalten der Mutter ein spielerisches Element hinzukommt, dann trägt dieses frühe Ausprobieren zum Aufbau von Selbstvertrauen bei.

## FESTLEGUNG VON LERNVERHALTEN

Bestärkt man schon in den ersten Lebensmonaten die Zuversicht, zum Beispiel durch beruhigendes Sprechen, durch die innere Ruhe der Mutter, hörbar am Herzschlag, durch das Summen einer Melodie, durch leichtes, liebevolles Hin- und Herwiegen, wird eine Erfahrung des Willkommenseins gespeichert: Ich werde getröstet, ich werde beruhigt, ich werde geliebt.

Mit zunehmender Übung werden dann in die so entstandenen Reflexschemata allmählich neue Elemente eingebaut, die das Verhaltensrepertoire immer weiter vergrößern.

Wird in dieser Kindheitsphase aber versäumt, dieser persönlichen Entwicklung ein sicheres Gerüst zu geben, das ausreichend stabil ist, dem seelischen Wachstum standzuhalten, wenn sozusagen an den Grundfesten des zu erbauenden Seelenhauses herumgepfuscht wird, verpasst man eine von vielen Chancen, ein Kind gut auf das Leben vorzubereiten.

Ab dem Ende des ersten Lebensjahres versteht ein Kind die Gesten der Erwachsenen aus dem Blickverhalten. Bei dem als „Social Referencing" bezeichneten Verhalten blickt das Kind die Mutter, Vater oder Bezugsperson an, um Informationen über die Art der Zuwendung einzuholen, und beginnt den Unterschied zwischen eigenem Verhalten und Denken und dem der anderen zu erkennen. Je mehr Personen in dieser Zeit sich einem Kind positiv zuwenden, es herausfordern, mit ihm Kontakt aufzunehmen, desto besser kann sich die kindliche Seele orientieren und Selbstvertrauen aufbauen.

## KOMMUNIKATION VOM BEGINN DES LEBENS AN

Bevor unsere Mutter noch ein Wort zu uns sagte, hat sie längst durch die Spannung ihres Körpers mit uns kommuniziert; sie hat uns mit ihren Gefühlen angesteckt.

Wenn sie mutlos war, war ihre Stimme ohne viel Atemdruck, wenn sie Freude empfand, posaunte sie es hinaus.

Zwei Oktaven umfasst der natürliche Stimmumfang eines Menschen, ob Mann oder Frau. Bei beiden ist die entspannte, mittlere Sprechlage im unteren Bereich angesiedelt. Diese „Informationsoktave" genannte Stimmlage signalisiert dem Baby: Alles o.k., sie wollen mir etwas sagen.

Die höhere Lage, die von innerer Anspannung zeugt, sie wird „Emotionsoktave" genannt, bedeutet für das Baby: Achtung, sie drücken ein Gefühl aus.

## EINE GLÜCKLICHE KINDHEIT STÄRKT FÜRS LEBEN

Eine glückliche Kindheit kann Tiefschläge im Leben besser verkraftbar machen. Vor allem die ersten sieben Jahre sind die späteren Taktgeber für den Lebensrhythmus, aber sie sind es nicht für alle Zukunft. Unser Hirn ist zu jeder Zeit neu formbar und neue Spuren (Engramme) können eingeschrieben werden.

Unsere Kindheit ist eine Lebensphase mit sehr hohen Anpassungsanforderungen an uns. Zum ersten Mal Löffel statt Brust, Klo statt Windel, aufrechter Gang statt Krabbeln usw. – alles Phasen größter Anstrengung für ein Kind. Die kleine Kinderseele ist beträchtlicher Verletzbarkeit ausgesetzt. Das Kind will hören, dass es diese Umstellungen gut gemeistert hat. Es ist auf Anerkennung angewiesen, um zu erfahren, ob es sich richtig verhält.

Viele Kinder wachsen trotz vieler Probleme zu kompetenten, leistungsfähigen und stabilen Persönlichkeiten heran. *„Mit einer Kindheit voll Liebe aber kann man ein halbes Leben hindurch für die kalte Welt haushalten"*, sagt Jean Paul.

Viele Untersuchungen haben bestätigt, dass es maßgebliche Zusammenhänge zwischen unseren Erfahrungen im frühen Kindesalter und einem glückenden Leben gibt. Menschen, die in ihrer Kindheit wenig Liebe und Anerkennung bekommen haben, suchen, meist unbewusst, ein Leben lang, diese schmerzlichen Entbehrungen zu kompensieren. Bedürfnisse, die in der Kindheit wichtig waren, können aber im Erwachsenenleben nicht mehr befriedigt werden. Niemand muss etwas kaufen, nur um vom Verkäufer „geliebt" zu werden; niemand muss bis zum Burnout perfekt sein, nur um Anerkennung und Lob zu erhalten.

Je besser es gelingt, die Schuld und Verantwortung für diesen Liebeshunger dort zu sehen, wo sie entstanden ist, also in der

Kindheit, desto besser können sich neue und für ein glückliches Leben günstige Verhaltensweisen heranbilden.

Wer auf eine für das Seelenleben entbehrungsreiche Kindheit zurückblickt, soll nicht die Schuld für eventuelles Versagen in dieser Zeit bei sich suchen. Kein Mensch trägt Verantwortung für sich in den ersten sieben Lebensjahren!

Die moderne Hirnforschung kann aufzeigen, dass die Gefühlserfahrungen der ersten Lebenszeit eines Menschen, neuronal gesehen, genauso in uns „eingeschrieben" sind, wie beispielsweise Sprache und Gangart. Je besser unsere Bindung zu unseren Eltern war, je förderlicher wir in unseren Entwicklungsphasen unterstützt wurden, desto besser sind wir für die Anforderungen des Lebens gewappnet (siehe Bindung). Nicht allen Eltern ist es gelungen, ihren Kindern zu helfen, mit unverletzter Seele ins Leben zu starten. Nicht allen Menschen wurde eine unbeschwerte Jugend geschenkt.

Wer zu jenen Menschen gehört, die jetzt dieses Buch lesen, weil das Leben gerade schwer ist, wer wenig Ressourcen in sich findet, weil diese Speicher in der Kindheit nicht gefüllt werden konnten, möge zuversichtlich sein. Es kann zu jeder Zeit gelingen, sich neu zu orientieren und sich neu zu verhalten. Wer weiß, welche seelischen Verletzungen sie/er in den ersten Lebensjahren erlitten hat, kann damit beginnen, diese neu zu deuten und mit einem dysfunktionalen Verhalten aufhören.

Dieses Buch schafft viele Möglichkeiten, besser in die Geschehnisse dieser ersten Zeit hineinzublicken und sich selbst demnach besser zu verstehen. Was man versteht, kann man auch ändern.

## WAS MAN SICH WÜNSCHTE, ALS MAN EIN BABY WAR

Würde man Babys fragen, was sie sich wünschen, würden sie an erster Stelle psychisches und physisches Wohlbefinden nennen, ausgelöst durch menschliche Wärme. Diese wird vermittelt durch die tröstende Stimme von Mutter und Vater, aber auch von jedem anderen Menschen. Das Herumgetragen-, Liebkost- und Gehalten-Werden stärkt die kleine Seele. Sanfte statt abrupte Bewegungen und weiche Blicke vermitteln Gefühle des Willkommenseins.

Kinder wollen sich darauf verlassen können, dass es **immer** Hilfe und liebevolle Zuwendung gibt. Sie verstehen von den ersten Lebensmonaten an, ob sie geliebt werden. Diese Erfahrung schreibt sich tief in die kleine Seele hinein.

Kinder lernen, was sie erleben. Wenn ein Kind mit Lieblosigkeit aufwachsen muss, lernt es, lieblos zu werden. Wenn ein Kind mit Spott erzogen wird, lernt es, schüchtern, spottend, verachtend und ängstlich zu sein. Wenn einem Kind unentwegt gesagt wird: „Schäm dich!", lernt es, sich ein Leben lang für alles und jedes zu schämen und sich schuldig zu fühlen. Das heißt nicht, dass es das auch machen muss, aber es hat dieses Verhalten gelernt und die Gefühle dazu gespeichert.

Betrachtet man einen erwachsenen Menschen aus dieser Perspektive, versteht man sein Verhalten besser; wird einem selbst zum Beispiel vorgeworfen, man sei so schüchtern, hilft es zu prüfen, ob man als Kind, um nicht lächerlich gemacht zu werden, gar nichts mehr sagte, also schüchtern wurde.

Wir lernen, was uns vorgelebt wird. Wer schon von Kindesbeinen an Toleranz vorgelebt bekommt, Geduld erlebt hat, kann Vertrauen in sich und andere entwickeln. Die Bausteine für Selbstvertrauen sind Toleranz („Du darfst anders sein") und Geduld („Du hast die Zeit, die du brauchst, und das ist o.k.").

Der Teufelskreis aus Unsicherheit und Mutlosigkeit führt zu einem geschmälerten Selbstvertrauen, sodass es noch schwerer wird, sich an Situationen, die eine gewisse Unsicherheit in sich bergen, heranzuwagen. Wer mit Leitsätzen wie „Sei vorsichtig!" groß geworden ist, wem also gespiegelt wurde, dass man ihr/ihm nichts zutraut, dem wurde die Lust am Wagnis verdorben.

Wer schon früh wählen durfte, bekommt ein Gefühl, die Dinge in der Welt beeinflussen zu können, eine wichtige Erfahrung für die Problembewältigung im späteren Leben. Wem aber nie eine Wahl gelassen wurde, weder was die Kleidung noch das Essens noch die Art des Spiels anbelangt, wird sich im späteren Leben bei Entscheidungen, die sie/er treffen soll, schwertun; man wird ihr/ihm Entscheidungsschwäche vorwerfen.

Kinder brauchen Ermutigungen so oft wie nur irgendwie möglich. So lernen sie, Zuversicht aufzubauen. Wenn ein Kind Sicherheit und Nestgefühle erlebt, fühlt es, wie innere Ruhe entsteht, und lernt, Herzenswärme anzunehmen und auch weiterzugeben. Solche Kinder entfalten seelische Robustheit und Elastizität. Wunderbare Wegbegleiter für das spätere Leben.

Burnout wird heute mit einem Mangel an Anerkennung und Lob in Zusammenhang gebracht. Man glaubt, dass Menschen, die in ihrer Kindheit zu wenig davon bekommen haben, ein Leben lang danach suchen, diese leeren Speicher zu füllen. Da wir aber in einer Gesellschaft leben, die nicht gut Anerkennung geben kann, erkranken sie. Kinder, die Lob und Anerkennung, sooft etwas gelungen ist, ausführlich (und immer mit einer Begründung, wieso) bekommen haben, also Selbstwertvermögen angesammelt haben, sind im wahrsten Sinn des Wortes vermögend. Sie vermögen ein Leben lang, gut damit umzugehen, wenn andere sie nicht loben oder ihre Leistungen anerkennen. Sie wissen tief in sich, dass sie wertvoll sind, ein Schatz, der in ihrer Kindheit angelegt wurde.

Natürlich braucht ein Kind auch Grenzen, die manchmal mit Tadel abgesteckt werden müssen. Wenn Kinder erkennen konnten, dass diese Ermahnung und auch Rügen, ja sogar Schimpfen berechtigt ist, kurz, gut verständlich und verzeihend vorgebracht wird, lernt das Kind Wertschätzung.

Feinfühlige Eltern vermitteln die Erfahrung, dass der Ausdruck von Gefühlen, also auch Ärger, ein sinnvolles und wirksames Signal ist, um Verständnis beim anderen zu bekommen. So lernt ein Kind, die Werte eines anderen Menschen schätzen, eine unbezahlbare Ressource für ein gutes Miteinander im späteren Leben.

Auch, was Fairness ist, also darauf vertrauen dürfen, dass

Mutter, Vater oder Bezugsperson gerecht zu sein versuchen, erfährt ein Kind am besten in seinen ersten Kinderjahren.

Am wichtigsten ist aber, dass Kinder **bedingungslose Liebe** erfahren. Das ist die Basis, um sich selbst zu mögen, ein Leben lang.

## BINDUNG

Wir alle haben Anlagen für Begeisterungsfähigkeit, Freude, Spontanität, Zufriedenheit, Staunen und Muße in die Wiege gelegt bekommen, die moderne Hirnforschung spricht von „determinierten Basisemotionen". Wie mit diesen Emotionen umzugehen ist, wie diese zu beleben sind, haben wir in unseren ersten Lebensjahren gelernt. Unsere Bindungserfahrung spielt dabei eine bedeutende Rolle.

Die Bindungserfahrungen in der Bondingphase schaffen für ein Kind die Voraussetzungen für eine günstige oder weniger günstige physiologisch-emotionale und kognitiv-ethische Entwicklung. Sie werden multicodiert gespeichert und können zukünftig nur emotional gefühlt werden, aber sie sind nicht kognitiv, also bewusst, abrufbar. Niemand kann sich an seine ersten zwei bis drei Lebensjahre erinnern, aus denen sie/er einzelne Erlebnisse erzählen könnte. Trotzdem sind diese Erfahrungen aber für immer gespeichert und steuern unsere Grundhaltungen.

Bindungserfahrungen in frühen Lebensabschnitten haben langfristige Konsequenzen, sie statten uns mit Vertrauen oder Misstrauen aus, sie machen uns stark oder führen dazu, dass wir unsere Talente und Fähigkeiten nicht entfalten können, sie ermöglichen uns, mit unseren Basisemotionen, also Freude, Zufriedenheit, Angst, Verachtung, Ekel, Ärger, Verlegenheit, Aufgeregtheit, Schuldgefühl, Erleichterung, Trauer, Scham, gut umzugehen.

Liebe und Zuwendung in den ersten Lebensjahren, also Bindung, ist ein Faktor, der sich fest in uns hineinschreibt. Trotzdem dürfen wir aufgrund der Erkenntnisse der modernen Hirnforschung auch hier begründet hoffen, dass die Auswirkungen ungünstiger Bindungserfahrungen auch noch im Erwachsenenleben durch selbstreflexives Erforschen der Erfahrungen der Kindheit und Erlernen neuer Verhaltensweisen kompensiert werden können.

*„Kein Verhalten wird von stärkeren Gefühlen begleitet als das Bindungsverhalten. (...) Solange das Kind sich in uneingeschränkter Verfügbarkeit seiner Hauptbindungsperson oder in geringer Entfernung von dieser befindet, fühlt es sich sicher. Die Gefahr eines Verlustes ruft Angst hervor, der tatsächliche Verlust Trauer, und beide pflegen außerdem Ärger auszulösen."* (John C. Bowlby)

*„Bindung bezeichnet ein genetisch vorgeprägtes Verhalten mit dem das Baby erreicht, dass sich die Mutter ihm schützend zuwendet, es versorgt und es liebt."*

John C. Bowlby (1907-1990) und Mary S. Ainsworth (1913-1999) waren es, die die Bindungstheorie entwickelten und die Charakteristika dieses Verhaltens genau beschrieben. John Bowlby entwickelte auf der Grundlage psychoanalytischer Vorstellungen (Sigmund Freud) eine Theorie der Bindung. Er setze ein sogenanntes Bindungsverhaltenssystem (determiniert) voraus, das der Suche und dem Aufrechterhalten von Nähe zur Mutter, Vater oder Bezugsperson dient und gegebenenfalls das Verhalten so steuert, dass das Kind die Nähe der Mutter, des Vaters oder der Bezugsperson sucht, zum Beispiel durch Hinkrabbeln, Festklammern, Anschmiegen, Anlächeln (siehe Konrad Lorenz).

Beziehung und Bindung sind nicht dasselbe. Bindung ist ein wesentlicher Teil der Beziehung, zu der aber noch andere Aspekte gehören, zum Beispiel das Mitteilen und die Regulation von Affekten, Lernen, Spielen u.a.

Erst wenn das Bindungsverhaltenssystem „gesättigt" ist, kann das Kind angstfrei seine Umwelt erforschen. Bei Kleinkindern, die beginnen krabbelnd ihre Umwelt zu erkunden, lässt sich dieses Verhalten gut beobachten. Wenn sie sich von der Mutter abwenden, weil sie spielend ihre kleine Welt erforschen wollen, wenden sie sich rückversichernd immer wieder der Mutter zu;

erst dann setzen sie ihre Erforschungsreise fort. Die Mutter wird als „sichere Grundlage" verstanden, zu der das Kind immer wieder zurückkehren kann, um emotional aufzutanken und sich ihrer Liebe zu versichern.

Diese frühen Beziehungserfahrungen, die Zuversicht, innere Ruhe und Sicherheit vermittelten, stärken für das ganze Leben. Diese positiven frühen Erkenntnisse sind Bausteine für die spätere Fähigkeit, Angst, Anspannung, Stress usw. zu regulieren.

Ein weiterer wichtiger Entwicklungsschritt für ein kleines Kind ist es zu wissen, dass die Mutter, der Vater oder die Bezugsperson nach Abwesenheit, zum Beispiel durch Verlassen des Raumes, wieder zurückkommen wird. Man kann sich leicht vorstellen, dass eine solche innere Gewissheit für die Bewältigung von negativen Emotionen, die durch Trennungen ausgelöst werden, besonders wichtig ist. Durch die konsequente Zuwendung der Bezugsperson entwickelte sich eine stabile psychische Struktur, die nicht nur großen Einfluss darauf hat, wie soziale Kontakte und intime Beziehungen im Verlauf des weiteren Lebens gestaltet werden können, sondern auch, wie gut eine emotionale Regulation zum Beispiel bei innerer Anspannung und Beunruhigung gelingt.

Mehrere Aspekte spielen eine Rolle, welches Bindungsmuster ausgeprägt wird. Jedes Kind bringt ein bestimmtes anlagebedingtes Temperament mit, das zum Beispiel beeinflusst, wie sensibel es auf Reize reagiert, wie lautstark und wie häufig es seinen Unmut zum Ausdruck bringt usw. Auch organische Faktoren, zum Beispiel Krankheiten, können das Verhalten des Kindes und natürlich auch das von Mutter, Vater oder Bezugsperson beeinflussen. Je höher die mütterliche Sensibilität ist, je besser es Mutter, Vater oder Bezugsperson gelingt, aus den anfangs noch rätselhaften Äußerungen ihres Kindes die richtige Botschaft herauszulesen, desto günstiger ist das für die seelische Entwicklung eines Kindes.

Wie sehr sich die ersten Erfahrungen ins Lebensbuch hineinschreiben, zeigen auch empirische Studien, die belegen, dass das Bindungsmuster von Mutter, Vater oder Bezugsperson, das diese selbst im Laufe ihres Lebens erworben haben, weitergegeben wird, solange darüber keine Bewusstheit erlangt wird. Personen, die ihr Bindungsmuster kennen, können sich bewusst anders verhalten und so diesen Teufelskreis durchbrechen. Dazu ist es notwendig zu verstehen, wie das Gehirn sich an die ersten Erfahrungen anpasst.

Selbstreflexion ist die Voraussetzung dafür, Muster bei sich zu erkennen und sich in seinem Unvermögen, sich in gewissen Situationen anders zu verhalten, anzunehmen. Je besser man sich vorstellen kann, was in der eigenen Kindheit ins Gedächtnis eingeschrieben wurde, desto größer ist die Chance, ein kindliches Verhalten aufzugeben.

**Fallbeispiel**
*Herr L., ein 44-jähriger, sehr erfolgreicher und seit 20 Jahren in einem Unternehmen beschäftigter Manager, hat immer wieder Konflikte, sowohl mit seinen Kollegen und Kolleginnen, als auch mit seinem Chef, den er schätzt und anerkennt. Selbst schwierigste Situationen bewältigt er, aber er kann es nicht ertragen, wenn ihm, in einer ganz gewissen Art und Weise, wie er sagt, etwas vorgeschrieben wird, „das erinnert mich an meinen Vater, das kann ich nicht leiden". Schon als Kind reagierte er mit Trotz, wenn er seinen Willen nicht durchsetzen konnte. Sein Vater zwang ihn dann vor seinen Geschwistern, das zu tun, was er verlangte. Es spielte keine Rolle, ob das Kind verstehen konnte, wieso der Vater so entschied, er musste sich beugen und die Geschwister lachten ihn dann jeweils aus.*
*Als er nun in einem Arbeitsprozess, der sehr heikel war, einen Experten zur Seite gestellt bekam, der ihn beraten sollte, provozierte er unentwegt Konflikte, was dazu führte, dass der Experte sich beim Chef beschwerte. Ein kalmierendes Gespräch lehnte er ab, stattdessen kündigte er die Stellung „mit sofortiger Wirkung", wie er sagte, was unbeschreibliche finanzielle Konsequenzen für ihn bedeutet hätte. Der Chef, der ihm sehr zugetan war, holte eine Arbeitspsychologin mit dem Auftrag, „die Situation zum Guten zu wenden", wie er sagte.*

*Bei der Aufarbeitung zeigte sich Herr L. überaus kooperativ, es war zu spüren, dass er froh war, eine Gelegenheit zu erhalten, seine übereilte und nicht überlegte Kündigung rückgängig zu machen. Als er aus seiner Kindheit erzählte und ihm bewusst wurde, dass er sich so verhielt wie damals, als er fünf Jahre alt war und sich gegen seinen „ungerechten Vater" nicht wehren konnte, gelang es ihm, sich in solchen Situationen neu zu verhalten. „Es ist nicht leicht", sagte er, „aber ich kann mich deutlich als 5-Jähriger erkennen und mich dann vor meinem inneren Auge in den 44-Jährigen zoomen und mich dann so verhalten, wie ich es von einem erwachsenen Mann erwarten würde."*

Bindung ist ein auf Dauer angelegtes Verhalten. Es entwickelt sich in früher Kindheit und steuert unser Verhalten bis ins Erwachsenenalter.

Das Verhältnis eines Kindes zu Mutter, Vater oder Bezugsperson ist von vier wichtigen Emotionen geprägt: Liebe, Trauer, Angst und Freude. Ein Kind, das mit diesen Emotionen angenommen wurde, dem gezeigt wurde, wie damit umzugehen ist, wird als erwachsener Mensch die Kraft in sich tragen, diese Emotionen gut und erwachsen auszuleben. Das bedeutet, dass Liebe genommen und gegeben werden kann, dass Trauer ausgehalten werden kann und auch wieder zu Ende geht, dass Angst sein darf und ein maßvoller Begleiter ist und dass Freude uneingeschränkt und endlos gesucht, empfunden und verschenkt werden kann.

Die Vertrautheit des Kindes mit Mutter, Vater oder Bezugsperson, am günstigsten mit seiner Mutter, ist die bestimmende und allem zugrunde liegende Kraft des Bindungsverhältnisses. Mütter, die keine gute Bindung zu ihrem Kind aufgebaut haben, können soziale Kälte nicht durch Geschenke aufheben. Es zählt ausschließlich die Herzenswärme und Zuwendung.

Entwicklungspsychologisch ist die Ausprägung eines Bindungsverhaltens als biologische Schutzfunktion zu verstehen: Das hilflose Kind entwickelt Verhaltensformen, die den Aufbau der Bindung zu einer Person fördern, die elementare Hilfe und Schutz gewährleisten und Liebesgefühle auslösen.

# MUTTERLIEBE STÄRKT SPÄTERE SELBSTSICHERHEIT

Liebevoll behandelte Kinder gehen als Erwachsene besser mit Angst um. Starke Bindung macht stark für das ganze Leben. Bekommt ein Kind von seinen ersten Atemzügen an von seiner Mutter viel Liebe, ist es später besser in der Lage, mit den Belastungen und Anstrengungen des Erwachsenenlebens zurechtzukommen. Umarmungen, Küsse, Kuscheln, Herumtragen programmieren das Hirn darauf, mit emotionalen Belastungen besser umgehen zu können. Viel Mutterliebe stelle das Wahrnehmungszentrum im Gehirn so um, dass die Bewertung von Leid verringert wird, sagen die Hirnforscher.

## BINDUNG BERUHT AUF VIER MAXIMEN

1. **Qualität:** Die Mutter (der Vater oder die Bezugsperson) begründet das Verhalten, argumentiert wahrheitsgemäß und steht zu dem, was sie sagt, nachhaltig.
2. **Quantität:** Kurz und bündig, trotzdem vollständig ist ihre Devise, eine Herumrederei vermeidet sie.
3. **Relevanz:** Was die Bezugsperson sagt, hat Bedeutung für das Kind; es wird so gesagt, dass das Kind sich anerkannt und wichtig fühlt.
4. **Modalität:** Die Mutter (der Vater oder die Bezugsperson) ist „durchschaubar", berechenbar, macht klare Aussagen, die Bedingungen, die gestellt werden, gelten auch für sie selbst (Vorbildwirkung, Lernen durch Nachahmung).

## MAN UNTERSCHEIDET VIER BINDUNGSARTEN

**Sichere Bindung – sicher, autonom**
Sicher gebundene Kinder spüren, dass sie sich auf die Verfügbarkeit der Mutter, des Vaters oder der Bezugsperson oder Bin-

dungsperson (am günstigsten der Mutter) verlassen können. Sie verhalten sich auch bei vorübergehender Abwesenheit der Mutter ruhig und entspannt, da sie gefühlsmäßig (aus Erfahrung) wissen, dass die Mutter sie nicht im Stich lassen wird oder in irgendeiner Weise falsch, also ihnen Angst machend, reagieren wird. Die Mutter erfüllt in einer derartigen Bindung die Rolle eines „sicheren Hafens", der immer Schutz bieten wird, wenn man seiner bedarf. Als entscheidender Faktor zur Entwicklung eines sicheren Bindungsverhaltens hat sich sensibles, feinfühliges, herzenswarmes Verhalten gegenüber dem Kind erwiesen.

Kinder, deren Mütter sich dauerhaft aufmerksam und differenziert auf die Bedürfnisse des Kindes einstellen, werden mit hoher Wahrscheinlichkeit sicher gebunden. Personen mit sicherem Bindungsstil betrachten auch als Erwachsene andere Menschen grundsätzlich als vertrauenswürdig und sehen Zuverlässigkeit und Hilfsbereitschaft ihrer Mitmenschen als gegeben an. Sie haben einen seelischen Schatz, auf den sie ein Leben lang zurückgreifen können, sollte das Leben ihnen schwere Aufgaben und Schicksalsschläge auferlegen. Sie sind ein Leben lang „besser dran". „Autonome Eltern" erinnern sich selbst gut an positive und negative Kindheitserlebnisse und erzählen davon gerne.

## Ängstlich-widerstrebende Bindung –
## unsicher, distanziert, beziehungsabweisend

Kinder, die mit diesem Bindungsverhalten aufwachsen, fühlen sich unsicher hinsichtlich der Sorge, ob die Mutter, der Vater oder die Bezugsperson (am günstigsten die Mutter) bei Bedarf verfügbar sein wird. Ängstlich-widerstrebend gebundene Kinder haben Trennungsängste und neigen zum Anklammern an die Mutter. Sie haben leider schon früh erfahren müssen, dass sich eine so wichtige Person wie ihre Mutter widersprüchlich verhält, sie können sich nicht darauf verlassen, dass ihre Mutter ihnen zu jeder Zeit eine „sichere Insel" ist. Das Kind kann nicht einschätzen, wie die Mutter in einer bestimmten Situation handeln oder reagieren wird. Es hat Angst, dass die Mutter es für immer verlassen könnte.

Personen mit ambivalentem Bindungsstil verhalten sich später selbst widersprüchlich. Sie sind oft hin- und hergerissen zwischen dem Bedürfnis nach Nähe zu anderen Personen und der gleichzeitigen Angst, dass dieses Bedürfnis nicht erwidert wird. Das führt mitunter dazu, dass sie klammern, was bei der anderen Person erst recht zum Rückzug führt. Sie haben es im Leben schwer, langfristige Beziehungen aufrechtzuerhalten.

„Abweisende Eltern" behaupten, dass sie sich nicht an ihre eigene Kindheit erinnern können, oder sind widersprüchlich, wenn sie von ihrer eigenen Kindheit erzählen. Das verunsichert das Kind, es hört dann auch auf, von den Eltern Geschichten aus ihrer Kindheit erfahren zu wollen.

## Ängstlich-vermeidende Bindung – unsicher, verstrickt

Kindern, die diesen Bindungsstil erfahren haben, fehlt die Zuversicht, dass ihre Mutter, ihr Vater oder ihre Bezugsperson verlässlich für sie verfügbar sein wird, sie schützen und versorgen wird. Sie entwickeln die Erwartungshaltung, dass ihre Wünsche grundsätzlich auf Ablehnung stoßen werden und ihnen kein Anspruch auf Liebe und Unterstützung zusteht, egal was sie tun. Dieses Bindungsmuster ist bei Kindern zu beobachten, die häufig Zurückweisung erfahren haben oder durch äußere Umstände daran gehindert wurden, eine echte Bindungsbeziehung aufzubauen (zum Beispiel wenn Eltern suchtkrank sind; oder Kinder, die in ein schlecht geführtes Kinderheim oder in ein Krankenhaus kommen und sich dort „verlassen" fühlen; oder Kinder, die misshandelt oder sexuell missbraucht wurden).

Menschen dieses Bindungstyps entwickeln, wie Studien inzwischen (leider) bestätigen, schwere Persönlichkeitsstörungen, die von zwanghafter Selbstgenügsamkeit bis hin zu andauernder Straffälligkeit reichen und oft ein Leben lang anhalten können. Sie sind lebenslang benachteiligt, sie haben es schwer und können aufgrund ihres sozial inkompetenten Verhaltens kaum jemanden finden, der ihnen die so bitter notwendige Herzenswärme und Verlässlichkeit gibt.

Die frühe Bindung, die wir durch unsere Eltern erlebten, hinterlässt uns ein Erbe fürs das ganze Leben. „Verstrickte Eltern" haben „verwirrte" und nicht verstehbare und ärgerliche Kindheitserinnerungen, ihre Erzählungen sind nicht zusammenhängend, „keiner kennt sich aus", wie denn nun ihre Kindheit gewesen ist.

### Unsicher-desorganisierte Bindung – unverarbeitet

Beim unsicher-desorganisierten Bindungsmodell nimmt man an, dass das Kind längere Zeit nicht in der Lage war, klare Bindungsstrategien zu entwickeln, da Mutter, Vater oder Bezugsperson selbst Trauer, Missbrauch oder ein anderes traumatisches Erlebnis in der eigenen Kindheit nicht entsprechend verarbeiten konnten und daher als Erwachsene nicht in der Lage sind, dem Kind Stabilität und Sicherheit zu geben. Sie konnten dem Kind keine feinfühlige Bindungsstrategie vorleben und keine vorhersagbaren Verhaltensweisen anbieten. Daher kann das Kind keine Bindung eingehen. Es entwickelt kontrollierende Strategien und fühlt sich oft für die Erwachsenen und deren Wohlergehen verantwortlich. Das zeigt sich in überfürsorglichem Verhalten, oder das Kind versucht, in Belastungssituationen bestrafend zu wirken und beschimpft die Erwachsenen.

„Ungelöste Eltern" leiden noch immer unter den Traumata und seelischen Verletzungen ihrer eigenen Kindheit (Verlust, Missbrauch usw.) und geben ihren Kindern „die Aufgabe", sie zu trösten, gewissermaßen für sie „Eltern" zu sein.

## BINDUNG UND GESUNDHEIT

Wie sehr die frühe Bindungserfahrung sich auch auf die körperliche Gesundheit auswirkt, wurde 2009 in einer Studie der Universität Marburg mit dem Titel „Bindungsdiagnostik mittels Adult Attachment Projective bei Patienten mit Herzinsuffizienz oder Herzinsuffizienz-Risikofaktoren" untersucht. Herz-Kreislauf-Erkrankungen sind die häufigste Todesursache. Was sind nun die Risikofaktoren, war die Frage, der man nachgehen wollte. Man untersuchte, inwieweit psychische und soziale Faktoren einerseits das Risiko zu erkranken erhöhen und wie die Bindungserfahrung aus der Kindheit andererseits das Krankheitsverhalten bei Herz-Kreislauf-Erkrankungen beeinflusst.

Es zeigte sich, dass die Bindung der frühen Kindheit auch Einfluss auf die körperliche Gesundheit im Erwachsenenalter hat. *„Dies führt zu dem Schluss, dass das Bindungsverhalten zumindest auf die psychische Gemütslage deutlichen Einfluss nimmt. Dies wiederum kann sich stark auf Gesundheitsverhalten und klinisches Befinden auswirken, was sich auch im Trend zu mehr auffälliger Depressivität bei den manifest Herzerkrankten im Patientenkollektiv widerspiegelte."* (http://archiv.ub.uni-marburg.de/diss/z2009/0594/)

## FRAGEN ZU IHRER BINDUNG

1. Hatten Sie positive Erlebnisse mit den Eltern? Bitte beschreiben Sie diese.
2. Wurden Sie getröstet, wenn Sie traurig waren? Stillte man Ihren Schmerz? Bitte beschreiben Sie solche Situationen.
3. Ging man fürsorglich mit Ihnen um? Bitte beschreiben Sie solche Situationen.
4. Konnten Sie über Verluste mit Mutter, Vater oder Bezugsperson reden und hörte man Ihnen zu? Bitte beschreiben Sie solche Situationen.

Aus den beschriebenen Situationen können Sie erkennen, in welchem Bindungstyp Sie erzogen wurden.

Die Selbstreflexion, also sich selbst Geschichten über die eigene Kindheit zu erzählen, hilft, eventuelle Verletzungen der Seele zu entdecken und diese, ähnlich wie bei einer körperlichen Verletzung, zur Heilung zu bringen.

Es gibt auch einige Tests, mit denen man herausfinden kann, welchem Bindungstyp man angehört, zum Beispiel den „Adult Attachment Projective"-Test. Dieser „Projektive Bindungstest für Erwachsene" sollte allerdings nur unter Anleitung und mit Support einer Psychologin/eines Psychologen gemacht werden, um Subverletzungen zu vermeiden.

Frühkindliche Bindungsmuster sind ziemlich stabil und können Bindungsverhalten bis ins Erwachsenenalter beeinflussen. In Gruppen mit psychiatrischen Patient(inn)en finden sich vermehrt Personen mit unsicheren Bindungsstilen. Die soziale Entwicklung des Menschen beginnt eben in der frühen Kindheit.

Es ist erwiesen, dass der Aufbau einer Bindung bei jedem Kind weltweit und in unterschiedlichsten Kulturen zu beobachten ist und somit als genetisch vorgegeben betrachtet werden kann. Das individuelle Bindungsmuster, das ein Kind entwickelt ist nicht anlagebedingt, vielmehr entwickelt es sich in Reaktion auf das Verhalten der Mutter, des Vaters oder der Bezugsperson. Diese aber sind, wenn sie über ihre Bindungserfahrung kein Wissen haben, wieder von ihren eigenen Bindungserfahrungen beeinflusst. Dies ist die schlechte Nachricht. Die gute Nachricht ist, dass die moderne Hirnforschung eine immerwährende Plastizität des Gehirns bestätigt und somit „lebenslang" in Bezug auf das gespeicherte Bindungsverhalten nicht zutrifft.

Unser Gehirn ist ein einzigartiges, vielgestaltiges und plastisches Organ. Jeder Mensch hat sein, ganz auf ihn abgestimmtes Gehirn; keines ist wie das andere. Jede der vielen Hirnstrukturen zeichnet sich durch eine einzigartige, für jeden Menschen andere, höchst charakteristische Architektur des Nervennetzwerkes aus. Kaum eine Nervenzelle verhält sich so wie die nächste, jede hat andere Aufgaben und ist zusätzlich einem ständigen Wandel durch Erlebnisse, Gefühle, Erinnerungen und Ideen unterworfen. Jeder dieser Einflüsse spiegelt sich in einem anderen Verhaltensimpuls wider.

Gute und liebevolle Beziehungen im Laufe des Lebens, große Selbstreflexion und nicht zuletzt die guten Möglichkeiten aus der Schatzkiste der positiven Psychologie können sich regulierend auf das erworbene Bindungsverhalten auswirken. Die Selbstreflexion kann einerseits bewirken, dass sicher gebundene Menschen in ihrem sozial kompetenten Verhalten gefestigt werden, und andererseits, dass ungünstige Bindungserfahrungen korrigiert werden können. Der Bindungsstil ist aber immer ein essenzielles Wesensmerkmal.

## DIE BEDEUTUNG DES VATERS IN DER ENTWICKLUNG

Ein Kind, das das Glück hat, mit einem liebenden Vater oder einem Mann, der die liebende Vaterrolle übernimmt, aufzuwachsen, hat gute Karten im späteren Leben. Dem Vater wird eine wesentliche Bedeutung für die kognitive und intellektuelle Entwicklung des Kindes zugesprochen. Sowohl die Zeit, die ein Vater mit dem Kind verbringt, als auch sein emotionales Engagement und sein Verhalten wirken sich auf Entwicklung des Kindes, egal ob Junge oder Mädchen, aus.

Bringt sich der Vater während der Entwicklung in die Vater-Kind-Beziehung ein, werden zum Beispiel Fähigkeiten gestärkt, die einem männlichen Rollenverhalten entsprechen, in unserer Kultur meistens technische Kompetenzen. Der Vater kann auch als Vorbild gelten, wie Beziehungen gelebt werden können.

Untersuchungen haben gezeigt, dass Erwachsene, die wegen Gewaltdelikten verurteilt wurden, sehr oft entweder keinen Vater oder gewaltbereite Väter hatten. Eine nicht geglückte Beziehung zum Vater, entweder weil er gar nicht präsent ist oder weil er in seiner Vaterrolle versagt, kann zu einem gestörten Sozialverhalten in Form von aggressivem und dissozialem Verhalten führen. Auswirkungen des Vaterverlusts während der Entwicklung werden auch in Zusammenhang mit Sucht gesehen.

## VERBITTERUNG – WENN DAS LEBEN VON ANBEGINN AN BITTER WAR

Selbst wer sich die eigene Kindheitsgeschichte genau vor Augen zu führen versucht, wird meistens nur ein unbestimmtes Wiederempfinden einer vergangenen Erfahrung finden. Manches, woran wir uns erinnern, scheint uns verschwommen und unwirklich, macht noch immer Angst oder beschämt oder trifft sogar noch Jahrzehnte danach wegen der niederträchtigen Umstände bis ins Mark.

Ein knapp einjähriges Kind hat die Entwicklung vom liegenden, sich herumdrehenden, kriechenden zum sitzenden, stehenden und laufenden menschlichen Wesen geschafft. Es will bereits seine entdeckerischen Fähigkeiten im Spiel üben, kann sprechen und seinen Willen bekunden. Dieser Wille des Kindes darf nicht gewaltsam gebrochen werden, er ist eine wichtige Erfahrung, dass man etwas wollen darf und kann.

Obgleich auch schon ein Säugling auf dem Wickeltisch oder im Sesselchen bei Tisch deutlich seinen Willen kundtut, wenn er sich zum Beispiel nicht mehr wickeln lassen will oder beim Füttern den Mund zuhält oder gewisse Nahrungsmittel ablehnt, spricht man hier eher von Bedürfnissen, die befriedigt werden müssen, als dass das noch unreife Hirn einen Willen äußern würde.

Immer aber muss ein Baby vom ersten Augenblick an spüren, dass auf sein mitunter lautstarkes Begehren eingegangen wird, oder es muss liebevoll lernen, indem man es zum Beispiel mit Worten vertröstet, wenn es ein bisschen warten muss. Ungünstig wäre es, bei einem kleinen, weinenden Säugling einen Bedürfnisaufschub erreichen zu wollen, indem man ihn absichtlich länger schreien lässt. Dieses falsche Erziehungskonzept der 60er Jahre ist wahrscheinlich einer der größten Fehler, den wohlmeinende Eltern bei ihren Kindern gemacht haben.

Kinder, die diese Erfahrung machen mussten, zum Beispiel weil die Mütter falsch angeleitet wurden, haben in ihrer emotionalen Entwicklung Schaden genommen, denn die Frustration und der negative Stress, der dadurch hervorgerufen wurde, war eine schmerzliche Erfahrung, die man diesen Kindern besser erspart hätte.

Disziplin sei wichtig für die Entwicklung des Kindes, wurde gesagt, was aus heutiger Sicht geradezu als Schwachsinn gewertet werden muss. Kein Säugling hat die Fähigkeit, sich zu disziplinieren; es fehlt ihm auch vollkommen die Möglichkeit zur Wertung des Alleingelassenwerdens und niemand kann ausschließen, dass die vielen Angsterkrankungen und Verbitterungsphänomene, die wir heute zu verzeichnen haben, nicht auf diese falschen Verhaltensweisen der Eltern zurückzuführen sind. Jeder Verlust an positiven Gefühlen ist ein bitteres Gefühl und verletzt die unreife Seele.

Die Verbitterungsstörung ist eine Anpassungsstörung mit dem Leitsymptom der anhaltenden Verbitterung nach einschneidenden, wenn auch nicht außergewöhnlichen Lebensereignissen. Ungenügende Bewältigung von Lebensbelastungen führt zu andauernden Persönlichkeitsänderungen und zählt zu den häufigen seelischen Erkrankungen. Dass diese Anpassungsstörungen sehr oft ihren Grundstein in der frühen Kindheit haben, wird dabei zu wenig beachtet. Zwar kann ein akutes Geschehen die Verbitterungsstörung auslösen, aber Menschen, die in ihrer Kindheit gelernt haben, „Bitterkeit" zu bewältigen und wissen, dass Bitterkeit genauso wie Angst, Verachtung, Ekel und Ärger bewältigbar ist, haben die besseren Karten.

Verbitterung ist ein Gefühl, das eigentlich jeder Mensch kennt. Ersucht man Menschen, sich ein Erlebnis in Erinnerung zu rufen, das ein Gefühl von Verbitterung hat hochkommen lassen, erinnert sich fast jeder an eine solche Situation. Wer sich daran erinnern kann und darüber erzählen kann (siehe Kapitel Narration) hat diese Begebenheit gut verarbeitet. Natürlich tut die Erinnerung daran immer weh, aber das Wissen, dass man sich heute so etwas nicht mehr gefallen lassen würde, stärkt die Seele.

Wiederholt und verstärkt sich die Verbitterung, kann sie zu einem krankheitswertigen Zustand führen, der zu schweren Beeinträchtigungen im Leben führen kann. Besonders schwerwiegend und verletzend sind Geschehnisse, die von einer für einen selbst wichtigen Person ausgelöst wurden und die bedeutsame Grundannahmen und Eigenwerte grob verletzten.

# PRÄGUNGSPHASE

In unserer Prägungsphase wird jede Erfahrung multicodiert (in vielen Hirnarealen) und dauerhaft im Gedächtnis verankert.

Viele kennen wahrscheinlich die bezaubernden Fotos der „Nachlaufprägung bei nestflüchtenden Vogelarten" von Konrad Lorenz, wo seine Graugänse hinter ihm herlaufen und „weinend" zurückbleiben, wenn sie ihn zum Beispiel nicht auf die Toilette begleiten dürfen.

Prägungsphänomene sind nicht auf Vögel beschränkt, sie betreffen auch andere Tierarten und natürlich auch uns Menschen, aber, wie die moderne Hirnforschung aufzeigen kann, ist die Definition „lebenslang" nicht mehr gültig. Der Mensch ist ein lernendes Wesen und sein Hirn bleibt ein Leben lang offen für neue Erfahrungen und Verhaltensweisen.

Dass diese ersten Tage des Lebens aber wichtig sind und Erfahrungen tief engrammiert (eingeschrieben, geprägt) werden, zeigen Versuche mit Babys in Bezug auf Gerüche und Geräusche. Säuglinge, die gestillt werden, bevorzugen den Brustgeruch ihrer Mutter gegenüber anderen Gerüchen und gegenüber dem Geruch anderer Frauen, während mit der Flasche aufgezogene Säuglinge eine solche Präferenz nicht zeigen. Ebenfalls ist bekannt, dass Säuglinge auf die Stimme ihrer Mutter freudig reagieren. Diese frühkindlichen emotional gesteuerten Lernprozesse sind von fundamentaler Bedeutung für die Entwicklung normaler sozioemotionaler und intellektueller Fähigkeiten.

Heute wissen wir, wie frühe emotionale Erfahrungen das kindliche Gehirn beeinflussen. Das Kind erkennt an den Gesprächen der Eltern, dass diese ihm Wärme und Liebe schenken, und lernt, dass diese Verhaltensweisen mit guten Gefühlen verbunden sind. Es weiß, wer Mutter, Vater ist, und lernt schnell, dass es mit seinem Verhalten die Eltern beeinflussen kann.

Eine abwechslungsreiche Umwelt ist für das Baby wie ein frühes Gehirntraining. Wird das Baby durch viele soziale Kontakte gefordert, lassen diese Interaktionen die Verschaltungen zwischen den Neuronen der Großhirnrinde sprießen. Ein Kind, das in Ödnis und Isolation aufwachsen musste, ist von Anfang an im Nachteil, weil diese fehlenden Reize die Hirnentwicklung hemmen. Emotionale Vernachlässigung kann das Gehirn verändern, und zwar in jedem Alter. Viele psychische Erkrankungen lassen sich mit sozialer Isolation ursächlich begründen.

Das Gehirn ist der Sitz unserer Persönlichkeit, unseres Ichs und unserer individuellen Geschichte. Unsere Selbstwahrnehmung als Subjekt hängt vom Gehirn ab. Dabei ist es gleichgültig, ob wir der Meinung sind, das sei die Seele, oder sagen, alles ist Gehirn. Ohne Gehirn geht jedenfalls nichts. Schon die Beeinträchtigungen durch einen Rausch und den nachfolgenden Kater zeigen, wie sehr auch unsere Stimmungen von seiner Leistung abhängig sind, wenn uns Katerstimmung die Welt verdüstert.

Anders als im Speicher eines Computers treten im Gehirn Informationen unaufhörlich miteinander in Austausch.

Erinnerungen sind im Gehirn nicht säuberlich in Karteikästen abgelegt, sondern reflektieren alles, was wir je erlebt haben, und die Erfahrungen, die wir damit gemacht haben.

Wenn ein Baby spürt, dass seine Mutter seine Empfindungen, wie zum Beispiel Hunger, Nässeempfinden oder eine andere „Unheimlichkeit", gleichwertig wahrnimmt und adäquat darauf reagiert, stellt sich eine Glückseligkeit ein, die eine wichtige, Vertrauen in seine Umwelt schaffende Lebenserfahrung ist.

In solchen Augenblicken übt sich das frühkindliche Gehirn im Ausschütten von Endorphinen, den sogenannten Glückshormonen. Diese sorgen dafür, dass neue synaptische Verknüpfungen der Hirnnervenzellen diese angenehmen Gefühle speichern. Das Ergebnis ist ein Zuwachs positiver Erfahrungen im Erinnerungsspeicher, welcher in bestimmten Hirnabschnitten charakteristische Engramme (Einschreibungen, Prägungen, Spuren) abbildet.

In Momenten des Alleingelassenseins und/oder des für das Baby unverständlichen Warten-Müssens auf die Befriedigung seiner Bedürfnisse werden Gefühle erzeugt, die andere Botenstoffe ausschütten, wie zum Beispiel Noradrenalin oder auch Adrenalin, das sind Transmitter (Botenstoffe), die die Gefühlszentrale für Negativempfindungen aktivieren. In solchen Augenblicken lernt das Baby, mit Disstress (belastendem Stress) umzugehen. Diese Episoden dürfen nur von kürzester Dauer sein, weil gerade diese Art von Stress sich schädlich auf die Hirnentwicklung auswirkt. Bei Tierversuchen fand man heraus, dass bei Rattenbabys, die regelmäßig vom Muttertier getrennt wurden, sich bestimmte Hirnregionen schlechter entwickelten und die Tiere deutliche Probleme hatten, sich in neuer Umgebung zurechtzufinden. Sie waren weniger lebensfähig als ihre Geschwister aus der Vergleichsgruppe, die man nicht von der Mutter trennte.

Ein wohldosiertes Maß an Stressempfinden ist für die Entwicklung eine wichtige Erfahrung, aber das Baby muss spüren, dass es nicht in Gefahr ist, wenn es kurz hungern muss, und dass seine Mutter sich ihm immer wieder zuwenden wird. Das alles hat jeder Mensch in seiner individuellen Weise durchgemacht und diese Erfahrungen steuern sein Verhalten. Je besser man seine eigene Entwicklungsgeschichte kennt, je mehr man über die Prozesse der Persönlichkeitsentwicklung weiß, desto besser gelingt es einem, sich selbst zu verstehen. „*Verstehen kann man das Leben rückwärts, leben muss man es aber vorwärts.*" (Søren Kierkegaard)

Natürlich wird sich kaum jemand episodisch an seine frühe Kindheit erinnern können und sich fragen, was nützt mir dieses Wissen, was gut gewesen wäre, wenn ich zu wenig über meine eigene Entwicklung weiß und diese nicht mehr beeinflussen kann. Die Kenntnis der Einflussfaktoren, denen man ausgeliefert war, nützt zu verstehen, warum man sich in gewissen Lebenssituationen schwertut, wieso man sich manchmal selbst fremd ist oder weswegen man etwas nicht zusammenbringt, warum man so empfindlich auf dies oder jenes reagiert und sich selbst sagt, dass das nicht notwendig gewesen wäre, es aber trotzdem wiederholt so macht. Und dieses Wissen über unsere Entwicklung hilft auch dabei, andere Menschen besser zu verstehen, toleranter zu werden, sich selbst mehr Chancen zu einem gelingenden Leben zu schaffen.

## SELBSTSICHERHEIT, VERANTWORTUNGSBEWUSSTSEIN, ANPASSUNGSFÄHIGKEIT UND KREATIVITÄT

Wenn Eltern empathisch auf die Bedürfnisse des Kindes eingehen, es angemessen fordern, ihm viel Liebe und Anerkennung geben, setzen sie den Grundstein für Selbstsicherheit, Verantwortungsbewusstsein, Anpassungsfähigkeit und Kreativität. Wenn ein Kind jedoch kaum Spielräume für ein individuelles Verhalten hat, weil großer Wert auf Gehorsam gelegt wird, fehlen ihm wichtige Bausteine zum Aufbau eines selbstsicheren Verhaltens; es übt sich schon früh in einer passiven, unterwürfigen, wenig neugierigen Haltung.

Die Entwicklung von Selbstsicherheit, Anpassungsfähigkeit, Verantwortungsbewusstsein und Kreativität ist von weit mehr Faktoren der Kindheit beeinflusst, als man bis jetzt angenommen hat. Die Hirnforscher fanden Unterschiede in der Hirnstruktur, abhängig von den Erfahrungen der frühen Kindheit. Auch Werbung, Computerspiele oder gewaltverherrlichende Filme haben nachhaltigen Einfluss. Das Kind übernimmt unbewusst die Normen und Werte dieser Informationen.

Diese Verinnerlichung der Regeln und Normen der Gesellschaft, in der ein Kind lebt, führt zur Bildung des Gewissens, das mit etwa fünf bis sechs Jahren entsteht und sozusagen die innere Instanz darstellt, die dafür sorgt, dass die unbewusst und bewusst übernommenen Normen selbstverantwortlich eingehalten werden. Im Verlaufe der Entwicklung werden immer mehr Regeln und Gesetze, zuletzt die Grundsätze der Moral und Ethik, verinnerlicht. Das Gewissen überwacht die Einhaltung und erzeugt bei Normverletzungen Schuld- oder Schamgefühle.

Jedes Kind hat zwar sein eigenes Entwicklungstempo, aber die äußeren Bedingungen und Einflüsse, das soziale Umfeld, die Kultur und die Art, wie Mutter, Vater oder Bezugsperson es in der Entwicklung unterstützt haben, spielt eine erhebliche Rolle.

Die Frage nach dem Einfluss von Spielen auf die Ausbildung

der Intelligenz beim Menschen hat in der Wissenschaft zu unterschiedlichen und teilweise gegensätzlichen Theorien geführt.

Zwar ist in der Wissenschaft umstritten, ob es eine allgemeine Intelligenz gibt oder spezielle Teilfähigkeiten existieren, also ob Menschen mit hohem Intelligenzquotienten schon auf die Welt kommen oder durch Begünstigung ihre Intelligenz gefördert werden kann. Die Daten sprechen eher für Einflussfaktoren durch Mutter, Vater oder Bezugspersonen. Sicher ist aber, dass die Spielerfahrungen der ersten sieben Jahre Einfluss auch auf die geistigen Fähigkeiten haben.

Am Anfang steht das Übungsspiel. Ein Kind wiederholt einfache Handlungsschemata ohne Ausrichtung auf ein bestimmtes Ziel. Zum Beispiel machen Babys mit ihrem Speichel Blasen auf den Lippen und bewegen die Zunge im Mund hin und her. Sie lernen sich sozusagen im Spiel selbst kennen. Schon da kann durch liebevolles Zunicken oder Lächeln der Mutter Zustimmung signalisiert werden. Man geht heute davon aus, dass Liebe und Zuwendung den stärksten Einfluss auf die seelische Gesundheit und die Entwicklung aller Fähigkeiten eines Menschen haben. Nicht geklärt ist, wieso manche Menschen, die unter widrigsten Bedingungen aufwachsen, ihr Leben trotzdem hervorragend meistern können (siehe Kapitel Resilienz).

Wer aber bei sich selbst sucht, warum etwas im Leben immer schiefläuft, kann in der Erforschung seiner Kindheit, von den ersten Augenblicken an, einen Schlüssel finden. Wie reagierten die Eltern auf die Fortschritte, die man als Kind machte? Freuten sich Mutter, Vater oder Bezugsperson, dass man schon so viel Lärm mit einer Rassel erzeugen konnte oder wurde einem das Spielzeug aus der Hand genommen, auch wenn man mit Weinen protestierte? Wurde man beobachtet und beachtet oder alleine gelassen? Natürlich kann man sich daran nicht erinnern, aber man kann vieles über sich aus den Erzählungen, aus Fotos und Filmen, die es aus dieser Zeit gibt, erfahren.

Etwa ab dem 3. Lebensjahr lieben Kinder das Spiel mit Fantasiespielen und Symbolspielen, also sogenannte So-tun-als-ob-Spiele, die helfen, die Persönlichkeit zum Ausdruck zu bringen.

Das Kind lernt durch das In-eine-andere-Rolle-Schlüpfen zu verstehen, dass die Welt von unterschiedlichen Standpunkten aus betrachtet werden kann. Diese Fähigkeiten, also zu erkennen, dass sich nicht alles um einen selbst dreht, sind ein wichtiger Faktor für die Beziehungsfähigkeit im späteren Leben. Wer in dieser Zeit nicht spielerisch gelernt hat, dass Nachgeben und Loslassen gute Gefühle sind, dass auch Verlieren zum Spielen gehört, wird als Erwachsener als „Spielverderber" seine Probleme haben.

Aus diesem Miteinander-Spielen entwickelt sich ein Miteinander-Reden, ein Einander-verstehen-Wollen. Die So-tun-als-ob-Handlungen im Spiel dienen der Erkenntnis, dass ein anderer Mensch anders entscheiden kann. Ein wichtiger Baustein für die soziale Kompetenz.

Wer von sich weiß, wie sie/er sich im Spiel verhielt, kann vielleicht auch verschüttete Begabungen und Stärken erkennen, die belebt werden können.

## GENE

Gene darf man sich wie Buchstaben vorstellen, die in ihrer Reihenfolge einen Text ergeben. Gene sind DNS-Sequenzen.

Gene kontrollieren den Körper, indem sie den Bau von Proteinen kontrollieren. Proteine sind die Hauptakteure unseres Stoffwechsels. Gene sind die „Baupläne", nicht die „Baumeister". Anders ausgedrückt, erst wenn der „Text" gelesen wird, entsteht eine Geschichte.

Der Bauplan wird vererbt. Ob dann aber alle im Plan und im Haus vorhandenen Möglichkeiten genützt werden, also ob ein Gen eingeschaltet oder abgeschaltet wird, hängt davon ab, wie jemand seinen Lebensstil gestaltet (ausgenommen Gene, die immer abgelesen werden).

Symbolisch ausgedrückt könnte man sagen: Wenn die eigene Insel, in die man hineingeboren wird, von Anfang an von Mutter, Vater oder Bezugsperson gut beschützt und gepflegt wird, können sich die Wurzeln (Gene), die jeder Mensch mitbekommt, prächtig entwickeln. (Beispiel: Kinder mit angeborenen schweren Behinderungen werden bei guter Förderung eine bessere Entwicklung durchmachen als nicht geförderte.)

Gute frühe emotionale Erfahrungen sind ein wertvoller Baustein im Leben jedes Menschen und stellen eine solide Basis für das künftige Leben mit all seinen Aufgaben dar. Aber sie sind nur in geringerem Maß eine Vorherbestimmung, der man nicht entkommen kann. Das Hirn ist zu jeder Zeit bereit, neue Erfahrungen zu machen und diese, übt man sie ausgiebig, über die ungünstigen Verschaltungen zu stellen. Die Forschungsergebnisse zeigen, dass unsere Lebensgewohnheiten großen Einfluss auf unsere Gene haben, und widersprechen der herkömmlichen Vorstellung, das Erbgut bleibe von der Zeugung an in jeder Beziehung unverändert. Leider gibt es auch Genanomalitäten, die durch den Lebensstil nicht verändert werden können.

Dieses Buch legt den Fokus darauf, wie ein – das Leben ungünstig steuerndes – Verhalten zugunsten eines Verhaltens, das zu einem beglückenden Dasein beiträgt, verändert werden kann.

## EPIGENETIK

Epigenetisch heißt etwa „über die Genetik hinausgehend".

Epigenetik beschreibt einen Mechanismus (molekulare Veränderungen) in einer Zelle, der Gene an- oder abschaltet, ohne dabei deren Informationsgehalt zu verändern.

**„Was habe ich von welchem Elternteil geerbt?"**, wird sich manche/mancher fragen. Ein gesundes Kind erbt 23 Chromosomen von der Mutter und 23 vom Vater. In der befruchteten Eizelle kommen bei manchen Genen nur die mütterlichen, bei anderen nur die väterlichen Erbfaktoren zum Zug. Wer hier das Sagen hat, also welches Erbe vom Vater und welches von der Mutter kommt, ist noch umstritten. Es kann also niemand voraussagen, wieso mancher Mensch „genau so" aussieht wie seine Mutter, ein anderer wie sein Vater, wieder eine andere wie ihre Großmutter und einer sieht überhaupt niemandem ähnlich und ist trotzdem das Kind dieser Eltern. Und die Aussage „Du bist wie deine Mutter", meistens als Vorwurf für ein unerwünschtes Verhalten gemeint, ist überhaupt nicht geklärt. Was man aber schon sehr genau versteht, ist der Einfluss den unsere Lebensumstände auf unsere Gene haben.

Wie sich ein Mensch entwickelt, bestimmen die Gene maßgeblich mit, aber tiefgreifende Erfahrungen beeinflussen auch unsere Erbanlagen und können sie sogar dauerhaft verändern. Unsere Erbanlagen geben nicht nur vor, wie wir aussehen, sondern auch, wie unser Körper funktioniert. Auch unser Verhalten, also die Arbeit unseres Gehirns, ist zu einem kleinen Teil vorbestimmt, also ererbt. Unsere Gene funktionieren nicht nach einem starren Prinzip, sie arbeiten äußerst flexibel und passen sich an unsere aktuelle Lebenssituation an. Unsere Lebenssituation wiederum bestimmt sich aus unseren bisherigen Erfahrungen. Die Kindheitserfahrungen, vor allem zwischenmenschliche Ereignisse, können die Aktivität einzelner Gene langfristig verändern.

Leider werden uns einige Krankheiten so vererbt, dass wir nichts daran ändern können (Williams-Beuren-Syndrom u.a.), aber für die Mehrheit der Erkrankungen lassen sich keine eindeutig in der Gensequenz liegenden Ursachen finden.

Jedes unserer ca. 30.000 Gene besitzt nicht nur eine codierende Region, welche die konkrete Bauanleitung für ein Eiweiß enthält, sondern hat auch einen oder mehrere Genschalter, die durch unser Verhalten (Umwelt, Lebensstil) ein– oder ausgeschaltet werden beziehungsweise ein- oder ausgeschaltet bleiben.

Zum Beispiel zeigen Untersuchungen, dass bei Stress Gene aktiviert werden, die die Entwicklung von Neuronen auslösen, die das Nervenwachstum steuern. Angst auslösende Situationen stimulieren bestimmte Gehirnareale und veranlassen unser Hormonsystem, das Stresshormon Cortisol ins Blut auszuschütten. Schwere seelische Belastungen und Traumata können diese Stressantwort so verstärken, dass sie dann in einer – mitunter alltäglichen – Situation zu einer Panikattacke ausartet.

Erfährt man aber freundliche oder gar liebevolle Zuwendung einer anderen Person, setzen diese Systeme das Glückshormon

Dopamin frei und wir fühlen uns gut. Gleichzeitig beginnt ein Selbstheilungsprozess, der die schädliche Wirkung des Stresshormons Cortisol wieder repariert (vereinfacht dargestellt).

Auch Situationen, in denen man sich überfordert, ängstlich, ungeliebt, zurückgewiesen, ausgegrenzt, ungerecht behandelt fühlt, wirken sich sofort auf unser Gehirn aus, und zwar von Kindesbeinen an. Bei solchen Gefühlen wird vermehrt ein erregender Botenstoff (Glutamat) ausgeschüttet und das bedeutendste aller Stressgene, das CRH-Gen (Corticotropin-releasing-Hormone-Gen), eingeschaltet. Wenn nun jemand über längere Zeit, und speziell in der Kindheit, solchen Belastungen ausgeliefert ist, wird die Biologie des Gehirns diesen Anforderungen angepasst. Es graben sich solche starken Traumata (zum Beispiel geschlagen zu werden, seelisch extrem verletzt zu werden, missbraucht zu werden usw.) tief in die neurobiologischen Mikrostrukturen der Angstzentren ein und beeinflussen unser Verhalten nachhaltig. Wer so traumatisiert wurde, wird auf Angstreize noch Jahre später eine erhöhte Glutamatausschüttung und damit verbunden extreme körperliche Reaktionen erleiden müssen. Selbst Alltagssituationen verursachen bei diesen Menschen mitunter schwere Angstattacken und machen ihnen das Leben zur Hölle. In der Notfallpsychologie bezeichnet man diese seelische Verletzung als „Posttraumatische Belastungsstörung".

Auch wenn wir Menschen auf Stress individuell reagieren, aktivieren wir in Belastungssituationen alle ein und dasselbe System im Gehirn. Säuglinge verfügen unmittelbar nach der Geburt zwar schon über die Möglichkeit einer biologischen Stressreaktion, sie sind aber noch nicht in der Lage, ihr biologisches Anti-Stress-Programm zu aktivieren. Sie brauchen die mütterliche Zuwendung, um sich zu beruhigen. Durch diese Beruhigungsrituale lernt das Gehirn, das genetisch angelegte Antistresssystem anzuwerfen. Ein fürsorgliches Verhalten der Mutter führt zu einer lang anhaltenden leichteren Ablesbarkeit der Antistressprogramme im Gehirn.

Interessant ist dieser Mechanismus auch bei der Frage, ob die Depression mit den Erfahrungen und daher epigenetischen Veränderungen in der Kindheit zusammenhängen kann. Man weiß, dass bei Menschen mit erhöhtem Risiko für depressive Erkrankungen das bereits erwähnte Stressgen (CRH) eher überaktiv ist. Fragt man Menschen, die an einer Depression erkrankt sind, nach ihrer Kindheit, stellt sich heraus, dass viele von ihnen Eltern haben, die sich um sie nicht kümmerten oder aufgrund der Lebensumstände nicht kümmern konnten. Seit man das weiß, ist man sich der enormen Bedeutung der Kindheit noch mehr bewusst.

Die Forschung der letzten Jahre hat klar vor Augen geführt, wie stark zwischenmenschliche Beziehungen die Biologie des Gehirns beeinflussen. Das ist insofern auch eine gute Nachricht, weil diese Einflüsse aus epigenetischer Sicht zu jeder Zeit, also auch nachträglich, im Erwachsenenleben möglich sind.

Es ist nie zu spät, sich ein Hirn zu schaffen, das mehrheitlich Glücksbotenstoffe ausschüttet. Unser Gehirn ist sozusagen ein Organ, das auf soziale Interaktionen spezialisiert und durch diese in hohem Maße formbar ist, zu jeder Zeit. Speziell Dopamin, geradezu eine Droge für Lebendigkeit, Vitalität und Glücksempfinden, wie Hirnforscher sagen, ist gut beeinflussbar.

Eine Runde laufen, und schon haben Sie Ihre Dopaminspeicher aktiviert, man spricht auch vom „Runner's High", also einem Hochgefühl, das Läufer erleben.

Das ist deswegen so, weil Dopamin sein Zuhause in den motorischen Hirnzentren hat, dort, wo auch unsere Bewegungssteuerung stattfindet. Dopamin ist nicht nur an unserem Vitalitätsempfinden, unserer Sexbereitschaft usw. beteiligt, es ist auch ein Motivator für alles, was uns guttut.

Dopamin wird am stärksten durch Zuwendung beeinflusst. Je sympathischer wir jemanden empfinden und je mehr wir lieben und spüren, dass wir geliebt werden, desto stärker aktivieren Dopamin und weitere Neurotransmitter unser Glücksempfinden.

Soziale Zuwendung ist nicht nur ein Glücklichmacher, sie begünstigt auch die Ausschüttung von Opioiden, also von körpereigenen Opiaten, die Angstgefühle beseitigen können, Schmerz lindern und sogar euphorisierend wirken. All das bestätigt, wie wichtig unsere frühen Beziehungserfahrungen sind, weil sie durch epigenetische Veränderungen nicht nur unsere Stressresistenz erhöhen, sie beeinflussen auch, wie wir später auf zwischenmenschliche Zuwendung reagieren werden. Alles, was wir Menschen in Beziehungen erleben, manifestiert sich auch biologisch, in der Genaktivität und mitunter sogar dauerhaft in der Erbsubstanz. Traumatische Erlebnisse einerseits, aber auch Phasen besonderen Glücksempfindens, gesunder Lebensstil, leider aber auch ungesunde Gewohnheiten hinterlassen Spuren auf den Chromosomen, die sogar bis in nächste Generationen hineinwirken. Epigenetische Veränderungen sind im Erbgut möglicherweise so stabil, dass sie sogar an Kinder und Enkel vererbt werden können. Das könnte bedeuten, dass zum Beispiel ein junger Mann auf die Gesundheit seines künftigen Sohnes Einfluss nimmt, wenn er raucht oder sich ausschließlich ungesund ernährt, und zwar schon lange bevor er ihn zeugt.

In vielen Genen sind nur Möglichkeiten angelegt; ob so ein Gen eingeschaltet wird, hängt vom Lebensstil ab. Man kann sich guten Gewissens von dem veralteten, simplen Weltbild verabschieden, in dem das Erbgut starr und unveränderlich unser Schicksal vorgibt. Unsere Gene sind in ständigem Austausch mit der Umwelt und reagieren extrem flexibel auf Einflüsse von außen.

## WIRD DICKSEIN VERERBT?

Wie schwierig es ist, zu einer allgemeinen Aussage das „Dicksein" betreffend zu kommen, zeigen Forschungen über den Body-Mass-Index (BMI) der schwangeren Frau. Das Geburtsgewicht eines Säuglings hängt eng zusammen mit dem BMI der Mutter und somit auch mit ihrem Ernährungsverhalten. Paradoxerweise kann sowohl ein zu hoher als auch ein zu niedriger BMI der Mutter bei den Nachkommen in späteren Lebensjahren zu Übergewicht führen.

Essen erfüllt ja nicht nur die Funktion der Ernährung und Sättigung, sondern befriedigt auch emotionale Bedürfnisse. Mutter,

Vater oder Bezugsperson, meistens die Mutter, fungiert von früher Kindheit an als stärkstes Vorbild für die zukünftigen Ernährungsgewohnheiten des Kindes. Appelle wie „Es wird gegessen, was auf den Tisch kommt. Warum isst du das nicht?", „Warum isst du so viel?", „Warum isst du so wenig?", „Jetzt hast du es dir auf den Teller genommen, jetzt musst du es aufessen!" usw. stören die Entwicklung eines auf die individuellen biologischen Verdauungsmechanismen angepassten Essverhaltens. Kinder, die keine Gelegenheit hatten, sich in ihrem Tempo an die Essgewohnheiten der Eltern anzupassen, verlernen zu spüren, was ihr Körper braucht. Essstörungen können die Folge sein.

Wenn Anerkennung mit „brav aufessen" verbunden war, wird im Gehirn gespeichert: „Essen, um ungute Gefühle zu vertreiben"; Übergewicht ist die Folge. Ebenso wenn verlernt wurde, was Hunger und Sattsein ist, weil immer gegessen werden musste, egal ob das Kind hungrig war oder nicht. Wer schon in der Kindheit gelernt hat, dass gemüse- und obstreiche Ernährung guttut, dass regelmäßig Sport zu betreiben gute Laune macht und verhindert, dass man trotz gutem Essen übergewichtig wird, hat ein geringeres Risiko, als Erwachsener dick zu werden.

Die Epigenetik geht von der These aus, dass nicht nur die Gene den Menschen prägen, der Mensch prägt auch seine Gene. Wenn sich Menschen falsch, also ungesund, ernähren, setzen sie damit in ihrem Körper Gene außer Gefecht, die sie vor Übergewicht schützen können. Hier weiß man leider noch zu wenig, aber gerade bei Übergewicht ist erwiesen, dass der Lebensstil den größten Einfluss auf die Entstehung hat.

## TRAUMATISCHE EREIGNISSE HINTERLASSEN SPUREN IM ERBGUT

*Nine Eleven* hinterließ Spuren im Erbgut. Am 11. September 2001, an dem zwei Flugzeuge ins World Trade Center flogen, erlitten viele Menschen in New York ein schweres psychisches

Trauma. So lauten die Ergebnisse der Forschungen am Max-Planck-Institut für Psychiatrie in München. Und bis heute leiden infolge der Anschläge viele Menschen in USA unter einer schweren posttraumatischen Belastungsstörung, die sich in Ängsten, Schlaflosigkeit, Depressionen und vielen anderen Symptomen äußert. Die Wissenschaftler entnahmen einigen dieser Personen weiße Blutkörperchen und verglichen deren Erbgut mit dem von Menschen, die ebenfalls den Anschlag miterlebt hatten, aber bis heute psychisch gesund sind. Bei den Menschen mit einer posttraumatischen Belastungsstörung war eine Vielzahl von Genen überaktiv, die in der Verarbeitung von Stress eine Rolle spielen. Man geht davon aus, dass diese Gene nicht nur in den Blutzellen, sondern auch in den für die Stressverarbeitung zuständigen Hirnregionen überaktiv sind und 9/11 folglich Spuren im Erbgut von Menschen hinterlassen hat, die davor psychisch gesund waren. Ebenso interessant sind die Forschungen des kanadischen Pharmakologen Moshe Szyf. Er untersuchte die Gehirne von 13 Selbstmördern, die als Kinder missbraucht oder vernachlässigt worden waren, und fand einen Bauplan für einen Rezeptor, der in der Stressverarbeitung eine große Rolle spielt.

Vieles davon ist noch Spekulation, aber es scheint sich immer mehr zu bestätigen, dass seelische Faktoren resultierend aus Erfahrungen der Kindheit auch auf die Gene Einfluss haben. Ebenso zeigen die Ergebnisse von sogenannten Lebenslaufstudien an chronisch depressiven Menschen, dass Depressive als kleine Kinder häufig einen Mangel an sicheren sozialen Bindungen zu erleiden hatten.

Der epigenetische Code, der unsere DNS kontrolliert, erweist sich als der Mechanismus, mit dem wir uns den Veränderungen des Lebens anpassen. Die Epigenetik zeigt uns, dass kleine Dinge im Leben große Wirkung entfalten können. Denn im Gegensatz zu genetischen lassen sich epigenetische Veränderungen im Prinzip rückgängig machen. Die Epigenetik nimmt uns die Angst, durch unsere Gene an „Krankheits-Erbschaften" und „Verhaltens-Erbschaften" („Ich bin wie meine Mutter") gefesselt zu sein. Ebenso, wie Gene nicht starr, sondern ein Leben lang formbar sind, sind auch unsere Verhaltensweisen jederzeit änderbar.

Da unser System aber auf Ökonomie aufgebaut ist, fällt es uns schwer, Neues in unser Leben einzuführen. Unser Hirn nützt eingefahrene „Autobahnen im Kopf", auch dann, wenn diese immer wieder an Ziele führen, die uns unglücklich machen. Genauso, wie wir wie ferngesteuert jeden Tag den gleichen Weg in unsere Arbeit oder zu unserem Einkaufsmarkt wählen, wählt unser Hirn die gewohnten Spuren. „Immer wieder mache ich dies und jenes, immer wieder gerate ich an falsche Freunde, immer wieder mache ich mich klein wie ein Kind, wo ich mich längst wehren sollte. Welches geheime Programm steuert mich da?", fragt man sich und weiß doch keine Antwort.

## BIN ICH NOCH IMMER DAS KIND VON DAMALS?

Alle sieben Jahre haben sich die Zellen des Körpers vollkommen erneuert, rein physisch ist der Mensch also alle sieben Jahre tatsächlich ein „neuer". Was ist aber mit unserer Seele, hat sie auch ein Zellerneuerungsprogramm? Hat sie auch Selbstheilungsmöglichkeiten wie die Haut, die ganz von selbst wieder zusammenheilt, wenn man sich geschnitten hat. Der Körper ist gealtert, die Haut hat Falten bekommen, die Augen haben ihre Sehkraft verloren, was aber ist mit der Seele?

Das, was unser Ich ausmacht, ist ein Zusammenspiel von Genen, Umwelteinflüssen, Kultur, gesellschaftlichen Vorstellungen usw. Es umfasst jene Einstellungen und Urteile, die wir über uns, über unser Ich, gemacht haben. Ich, das sind die unbewussten Verarbeitungen von Erfahrungen; unsere Einschätzung von uns selbst ist aber flexibel, sie kann von außen verändert werden.

Störungen in unserer Entwicklung führen zu Fallen, in die wir ein Leben lang hineintappen, solange wir uns nicht Bewusstheit darüber verschaffen. Die Kindheit sagt mehr über die Vergangenheit als über die Zukunft eines Menschen, der Mensch ist immer in einer Grenzsituation, in der er sich neu entscheiden kann bzw. muss, sagte der große Arzt und Philosoph Karl Jaspers.

Ist alles verloren, wenn die Kindheit vorbei ist? Was ist von dem Menschen geblieben, der ich einmal war? Was ist unwiederbringlich verloren? „Vieles ist tröstlich, ich muss nicht mehr mit dem Kopf durch die Wand, ich kann die Dinge auch einmal einfach laufen lassen, aber eine gewisse Traurigkeit bleibt, ich suche das Kind in mir, auch wenn ich eine schwere Kindheit hatte", sagte ein 80-jähriger Mann, der seine Kindheit in den Kriegstagen verbracht hat.

## WER BIN ICH?

Sie könnten antworten: „Ich bin mein Gehirn."
Ich bin, was ich über mich weiß.
Ich bin, was ich von mir glaube.
Ich bin, was ich mir zutraue.
Ich bin, was ich werden kann.
Ich bin, was mir meine Gefühle vorspielen.
Ich bin, woran ich mich erinnere.
Ich bin da ganz ich, wo ich „wir" sagen kann.

Sie könnten sich aber auch fragen: Woran erkenne ich mich? Wie würde ich mich jemanden beschreiben, der mich ganzheitlich, also nicht nur die äußeren Merkmale betreffend, erkennen soll.

Bin ich noch das Kind von damals? Welche dieser Merkmale, an denen ich mich erkennen würde, habe ich seit meiner Kindheit?

Welche Verhaltensweisen sind typisch für mich – seit wann verhalte ich mich so? Welche Ereignisse in meinem Leben veränderten mich? Was konnte ich einmal und kann es heute nicht mehr? Was konnte ich einmal nicht und kann es heute schon? Bin ich nah bei mir, verstehe ich mich selbst oder hat mich meine Kindheit verbogen und verformt?

Wer sich solche Fragen stellt, sucht nach seinem Selbstkonzept. Basis ist das Selbstwertgefühl, also wie ich mich selbst bewerte. Die Maßstäbe dafür wurden in der Kindheit gelegt. Wem gespiegelt wurde, dass sie/er willkommen ist, hat gute Karten für sein ganzes Leben. So ein Kind wird sich als „wertvollen Menschen" wahrnehmen und sein Selbstkonzept dahingehend ausrichten. Sein/ihr Selbstbild, seine/ihre Selbstbeschreibung wird durch Mutter, Vater oder Bezugsperson insofern laufend bestätigt, als sie dem Kind spiegeln, dass sie es positiv mit vielen liebenswerten Attributen sehen (Fremdbild). Der Begriff Selbstkonzept entspricht dem der Identität.

## WIE SICH GEFÜHLE ENTWICKELN

Gefühle sind angeboren und anerzogen. Wer Kinder beobachtet, zum Beispiel bei einem Kinderfest, wird merken, wie unterschiedlich sich schon kleine Kinder verhalten. Ein Kind freut sich still und zufrieden über die vielen Süßigkeiten, die es naschen kann. Ein anderes Kind blickt ernst in die Runde und schaut erst mal zu. Ein weiteres Kind läuft herum vor Vergnügen und möchte, dass alle mit ihm spielen.

Grundsätzlich ist es dem Menschen angeboren, Freude, Zufriedenheit, Angst, Verachtung, Ekel, Ärger, Verlegenheit, Aufgeregtheit, Schuldgefühl, Erleichterung, Trauer, Scham empfinden zu können. Man spricht von den determinierten Basisemotionen, die sich von den Gefühlen unterscheiden. Im Laufe der Kindheit lernt ein Mensch, mit diesen grundlegenden Emotionen umzugehen und sie auch bei anderen zu erkennen. Das ist bei allen Menschen und in allen Kulturen so.

Die Unterschiede ergeben sich durch die Art unserer Sozialisation, zum Beispiel wie stark oder wie zurückhaltend wir unsere Emotionen wie Wut, Glück, Angst und Ärger usw. zeigen und ausleben dürfen.

In den verschiedenen Ethnien wird zum Beispiel unterschiedlich getrauert, gefeiert und insgesamt mit Gefühlen und Emotionen mannigfach umgegangen. Diese Unterschiede zeigen sich auch innerhalb der Menschen eines Kulturkreises; die einen drücken und herzen sich bei jeder Gelegenheit, um ihre Freude auszudrücken, die anderen zeigen ihre Emotionen auf andere Art und Weise oder gar nicht.

Schon Neugeborene bringen ihre ganz eigene Emotionsanlage mit auf die Welt, aber „die Gene bestimmen nur zwischen 20 und 50 Prozent der Persönlichkeit eines Menschen", sagt der Hirnforscher Gerhard Roth. Auch die vorgeburtliche Lebenszeit im Bauch der Mutter und die ererbten Charakterzüge haben Einfluss auf das Emotionsverhalten eines Menschen. Manche Babys sind von Geburt an sehr kommunikativ und neugierig, andere eher scheu. Einige können schon von den ersten Augenblicken an besser mit Frustrationen umgehen, andere leiden stärker daran. Man beobachte Babys, die sofort die Mutterbrust finden und einen Eindruck hinterlassen, als wären sie dankbar für alles, was man ihnen Gutes tut, andere wirken traurig, weinerlich und ängstlich.

Kinder kommen eben schon als keine Individuen mit einigen Charaktereigenschafen auf die Welt. Wenn sie das Glück haben, in ein „gutes Nest" hineingeboren zu werden, werden ihre Eltern sie dabei unterstützen, sich ihrem Charakter entsprechend zu entwickeln.


## WIE WIRKEN SICH GEFÜHLE AUF DIE ENTWICKLUNG AUS?

Gefühle unterscheiden sich von Basisemotionen und sind erfahrungsabhängig. Sie sitzen sozusagen im Bauch, wir sagen daher auch Bauchgefühle zu ihnen. Sie sind Reaktionen auf Bedürfnisse, Wünsche, Interessen und Aufgaben. Sie sind schnell da und können lange nachwirken oder gleich wieder verschwinden, selten sind sie erklärbar. Wir sagen: „Ich hab so ein Gefühl, ich kann es nicht beschreiben." Basisemotionen (Freude, Zufriedenheit, Angst, Verachtung, Ekel, Ärger, Verlegenheit, Aufgeregtheit, Schuldgefühl, Erleichterung, Trauer, Scham) können gut beschrieben werden, sie sind objektabhängig. Wir können zum Beispiel sagen, warum wir uns freuen oder weshalb wir Trauer empfinden oder wovor wir uns ekeln.

Die ersten emotionalen Erfahrungen, die ein Kind macht, werden nicht in einem als Erinnerung verfügbaren Denkprozess abgespeichert, sondern sie bilden die Basis, auf die das spätere Verhalten aufgebaut wird und bestimmen maßgeblich die Entwicklung des Gehirns. „Kinder brauchen Geborgenheit und emotionale Sicherheit, damit sie die hochkomplexen Verschaltungsmuster im Gehirn gut ausbilden können", meint der Göttinger Neurobiologe Gerald Hüther. Eine liebevolle Haltung der Eltern fördert eine gute Hirnentwicklung. Leider hinterlässt aber auch erfahrene Gefühlskälte entsprechende Spuren im Gehirn.

Die Suche nach dem Selbst, nach dem Ich, nach den ersten Erfahrungen im Leben, ist ein Weg, Engramme zu erkennen und sich darüber Bewusstheit zu verschaffen, was sich nachhaltig in die Seele geschrieben hat. „Etwas, was ich erkenne, kann ich auch ändern", könnte ein gutes Mantra sein.

## Fallbeispiel

*Ein 45-jähriger Mann leidet unter schwerem Tinnitus, den er auf Anraten seines Arztes mit einer Psychologin mildern will. Auf die Frage nach seiner Kindheit sagt er, er habe wenige Erinnerungen an die Kindheit, er glaube alles sei in Ordnung gewesen, ja eigentlich sogar ideal, er könne es aber nicht begründen, weil er sich eben an seine Kindheit nicht erinnere.*

*Er sei einsam, seine Beziehungen zu Frauen dauerten nie lange, er sagt, für Bindung und Beziehung habe er wenig Zeit in seinem Leben. Tief im Herzen aber wünscht er sich eine Familie, wie sich in der Psychotherapie dann herausstellt, und er ist unglücklich darüber, dass er immer wieder alleine ist.*

*Erst im Laufe der Psychotherapie gelingt es ihm, sich an seine Kindheit zu erinnern und darüber zu erzählen. Seine Mutter war Klavierlehrerin, seinen Vater kannte er gar nicht; dieser habe die Mutter verlassen, als er zwei Jahre alt war, und ist nie mehr erschienen. Eine sich immer wiederholende Episode aus seiner Kindheit würde ihm nun einfallen. Als er darüber erzählen will, kämpft er mit den Tränen. Es mache ihn jetzt sehr traurig, er könne kaum darüber sprechen und es überrasche ihn, dass es ihm jetzt einfalle. Seine Mutter hätte ihn immer ärgerlich abgewiesen, ja, sie sagte sogar, er sei eine Plage für sie, wenn er kam und etwas zu essen haben wollte, weil er Hunger hatte. Es gab keine fixen Essenszeiten, meistens musste er lange warten, bis er etwas zu essen bekam, weil seine Mutter beim Klavierspiel nicht gestört werden wollte. Er störe sie, schrie sie ihn jedes Mal an, er solle warten, immer brauche er etwas, das sei für sie unerträglich, und dann weinte sie, schluchzte und sagte zu ihm, dass sie seinetwegen, weil er auf die Welt gekommen ist, nicht Künstlerin hätte werden können. Seinetwegen müsse sie sich jetzt als Klavierlehrerin abmühen, sie sei so begabt gewesen und jetzt hätte ihr Leben gar keinen Sinn mehr.*

*Das zu erzählen fiel ihm unendlich schwer, er musste mehrere Pausen machen, weil er bitterlich weinte. Es sei zum ersten Mal, dass er das jemandem erzähle, sagte er seiner Therapeutin, und es mache ihn unendlich traurig; er hätte nicht gewusst, dass ihn das so traurig mache. Seine Angst, dass er jeder Frau eigentlich zuwider, unwillkommen und ein Unglücksbringer sein könnte, ist tief in ihm verankert.*

*Mit den Methoden der positiven ressourcenorientierten Therapie konnte sein Selbstwertsystem in einem behutsamen Prozess aufgebaut werden. Wichtige Schritte dabei waren die Ein-Sicht, also das Hineinschauen in seine Kindheit, die ein Neubewerten, Deuten und Verstehen möglich machten.*

## WIE WIRKEN SICH DIE FRÜHKINDLICHEN ERFAHRUNGEN IM ERWACHSENENLEBEN AUS?

Man kann nicht oft genug erwähnen, dass die Ergebnisse der modernen Hirnforschung die Theorie der frühkindlichen Prägung, nach der unwiderruflich gelebt werden muss, als Mythos entlarvt haben. Die Erfahrungen der frühen Kindheit schreiben sich ins das Verhaltensrepertoire eines Menschen ein, sie schaffen gute oder weniger gute Voraussetzungen, sie hinterlassen Verletzungen in der Seele, sie erschüttern das Weltbild, sie schmerzen, sie bauen „Autobahnen im Kopf", sie schreiben Engramme, die das Verhalten steuern, sie stärken oder schwächen Hirnareale der Stressverarbeitung, sie trainieren Hirnbotenstoffsysteme, sie leiten und verleiten unbewusst zu schmerzlichen Verhaltensweisen wie Neidempfinden, Missgunst usw., aber sie können durch Selbstreflexion und neue Erfahrungen und folglich neu eingeübte Verhaltensweisen verändert werden.

Ein Rückschluss „Wer eine schmerzliche Kindheit hatte, hat mit Sicherheit Probleme für alle Zukunft" oder „Erwachsene, die Probleme haben, hatten garantiert eine schwere Kindheit" ist falsch und unbedingt zu vermeiden. Nichts ist so, dass es nicht durch liebevolle Zuwendung zum Guten gewendet werden könnte.

Viele in der Kindheit entstandene negative Verhaltensweisen können das ganze Leben beeinflussen. Sie können nachhaltig zu Störungen führen, die sehr schmerzlich sind. Sie erhöhen möglicherweise die Anfälligkeit für die Krankheit Depression und leider noch vieles mehr. Sie sind entstanden, wenn auf die Bedürfnisse, Unsicherheiten und Ängste des Kindes, vor allem in den ersten Lebensminuten und Lebensjahren, falsch oder gar nicht reagiert wurde.

Sie können bewirken, dass ein Mensch ein kindliches, schädliches Verhalten im Erwachsenenleben wiederholt. Wenn solche Muster aus der Kindheit das Dasein überschatten, sich wie ein roter Faden durch das Leben eines Menschen ziehen, müssen und können sie im Erwachsenenleben gegen günstige ausgetauscht werden. Wenn ein Mensch sich ein Bild zurechtrückt, in dem dieser Vorgang der Neuorientierung gut bewertet wird (statt „Ich muss mich ändern" „Ich tausche ungünstige Verhaltensweisen gegen günstige aus"), wird aufgrund der Aktivierung nichtabwehrender Hirnsysteme die Ressourcen und die Bereitschaft finden, diese Verhaltensänderungen in sein Leben einzuführen.

Sprache schafft Wirklichkeit. Das betrifft nicht nur die Art der Anleitung, die man sich selbst für zukünftiges Verhalten gibt, das betrifft auch die Attribute, die einem als Kind immer wieder vorgehalten wurden. Wer unzählige Mal hörte, dass sie/er unerwünscht, zu dumm, zu unruhig, zu laut, zu still, zu vorlaut, zu faul, zu ängstlich, zu klein, zu dick, zu ungeschickt usw. ist, wird ein tiefes Misstrauen sich selbst gegenüber entwickeln.

Als Erwachsener wird man dann versuchen, diese inneren Defizitgefühle zu verbergen. Ein Kind, dem zu oft „Du bist zu dumm" gesagt wurde, wird als Erwachsener mit einem Besserwissertum versuchen, jeden Verdacht abzuschwächen, sie/er sei dumm.

Wem bei jedem „Schlimmsein" mit dem Verlassenwerden bedroht wurde, der konnte keine innere Stabilität entwickeln. Das Bedürfnis nach Sicherheit lässt solche Menschen in ständiger Angst, allein gelassen zu werden, klammern oder sie bleiben einsam, um unbewusst den Schmerz des Verlassenwerdens nicht erleben zu müssen.

Wenn einem Kind durch eine übertriebene elterlich Fürsorge jede Chance genommen wurde, etwas alleine zu „erobern", sich etwas zu trauen, auch sich etwas zuzutrauen, konnte es kein Gefühl für die eigenen Fähigkeiten entwickeln und sich als autonom und unabhängig erleben. Es hält sich für unselbstständig. Solche Menschen werden oft zu Opfern von „Zwangshelfern", die sich ihre eigene Wichtigkeit mit einem „Helfersyndrom" zu bestätigen versuchen. Auch sie kompensieren ein Defizit aus ihrer Kindheit, nämlich jenes, für „nichts zu taugen", ihnen wurde nicht das Gefühl vermittelt, dass sie um ihrer selbst willen geliebt werden und nicht ob der „Leistungen".

Menschen, die alles unternehmen, um es nur ja allen recht zu machen, die eigene Bedürfnisse und Sehnsüchte aufgeben, um anderen zu gefallen, haben in ihrer Kindheit nur dann Zuwendung erhalten, wenn sie ihre Wünsche und Interessen zurückdrängten, unterdrückten, aufgaben.

Wer versucht, die Erwartungen an sich selbst immer höher zu schrauben, wer immer das Gefühl hat, sich nicht genug anzustrengen, wer nie mit sich zufrieden ist, weil Perfektionismus der

Antreiber im Leben ist, hat in seiner Kindheit wahrscheinlich Zuwendung und Anerkennung nur bekommen, wenn den immer überzogenen Leistungsansprüchen der Eltern Genüge getan wurde. Sie sind Getriebene, bis zur totalen Erschöpfung, dem Burnout.

**Die Kindheit sagt viel über die Vergangenheit und Gegenwart eines Menschen aus, aber nichts über seine Zukunft.** Dass unsere ersten Lebensjahre uns gut oder weniger gut ausgestattet ins Leben entlassen haben, müssen wir akzeptieren. Ab dem Augenblick aber, wo wir uns dieser Einflussfaktoren, der Defizite, der Verletzungen oder auch der Ressourcen bewusst sind, können wir beginnen, unser Leben in Bezug auf unsere Ziele und unser Verhalten neu zu gestalten.

## ZWEI GROSSE WÜNSCHE DER SEELE, DER ROTE FADEN IN IHREM LEBEN

Unsere Seele, und somit auch unser Gehirn, ist auf Verhaltensweisen ausgerichtet, die unser Lustempfinden erhöhen und Schmerz vermeiden sollen. Alles, was wir im Leben machen, lässt sich auf diese zwei Motive zurückführen. Lust erhöhen heißt, nach Liebe, Anerkennung, Wertschätzung, und Herzenswärme zu suchen; seelischen Schmerz vermeiden bedeutet, Zurückweisung und Lieblosigkeit abzuwenden und Verlassenwerden zu verhindern.

Im Säuglingsalter wurde Verhalten generell durch biologisch verankerte, primäre Bedürfnisse aktiviert: Verhaltensweisen, die zu einer Befriedigung des betreffenden Bedürfnisses führten, wurden als günstig gewertet. Somit bildete sich ein Verhalten aus, das dem Baby ermöglichte, seine Ziele zu erreichen. Wenn es zum Beispiel Zuwendung wollte und durch lautes Schreien erreichte, dass Mutter, Vater oder Bezugsperson zu ihm kam, aber es fütterten, anstatt es zu trösten (mit Ausnahme des Stillens, denn Stillen ist immer auch Zuwendung), dann kann es sein, dass der

Wunsch nach Zuwendung später mit Essen verbunden bleibt und so erfüllt wird. Essstörungen und Übergewicht sind die Folge, erneut nicht geliebt, liebkost zu werden das Ergebnis.

Bedürfnisse, ob physiologische, kognitive oder emotionale, wollen befriedigt werden. Automatisch sucht der ganze Organismus nach Möglichkeiten, wie diese Befriedigung erlangt werden kann. Dies kann zum Beispiel dadurch erfolgen, dass das innere System sich daran erinnert, wie gleiche oder ähnliche Bedürfnisse in der Vergangenheit befriedigt wurden, also zum Beispiel das Bedürfnis nach Liebe mit Ernährung. Viele Menschen mit Übergewicht essen, nicht weil sie Hunger haben, sondern wenn sie Frustrationen erlebt haben, weil sie sich ungeliebt fühlen. Erst wenn einem Menschen diese inneren Wege und Strategien, mit Unlustgefühlen umzugehen, bewusst werden, kann sie/er nach neuen Verhaltensweisen suchen.

Vom Anfang des Lebens an geht es nicht nur um körperliche Bedürfnisse, sondern immer auch um das Stillen des Hungers der Seele nach Liebe, Zuwendung und Herzenswärme. Wenn das Bedürfnis nach mütterlicher Zuwendung nicht befriedigt wird, nimmt ein Kind bestimmte Verhaltensweisen an, die diese Frustration zu kompensieren versuchen. Das kann entweder ein Sich-Zurückziehen sein oder sogar die Übernahme einer Rolle mit den dazu zugehörenden Rollenerwartungen. Ein Kind kann dann die Rolle der Mutter übernehmen. Man spricht manchmal von sogenannten altklugen Kindern, die sich verhalten, als seien sie die Mutter oder der Vater. Ein vernachlässigtes Kind nimmt Verhaltensweisen an, die ihm am meisten fehlen. Das spätere „Klammern" könnte damit im Zusammenhang stehen. Ein Kind sehnt seine Mutter nicht nur herbei, wenn es hungrig ist, sondern auch, weil es die Mutter braucht, um sich zu beruhigen, um die Angst zu bewältigen, um zu spüren, dass es willkommen ist und geliebt wird.

Auch Aggressionsverhalten entsteht als Antwort auf die ersten Frustrationen, erlittene Entbehrungen und Trennungen. Der elterliche Umgang mit der kindlichen Abhängigkeit und Aggressivität legt den Grundstein für spätere Identifikationsprozesse. Wer das Glück hatte, dass ihr/ihm gezeigt wurde, dass Wut und Aggressionsgefühle auch wieder vergehen, weil sich Mutter, Vater oder Bezugsperson in ruhiger Weise zuwendeten, wird diese wichtige Erfahrung später im Leben dankbar nützen können.

Viele Menschen, die mit ihren Aggressionen nicht umgehen können, ja sogar gewalttätig werden, gefangen sind in dem schrecklichen Gefühl, etwas zerstören zu müssen, hatten in der Kindheit Eltern, die auf die Wut des Kindes ebenso mit Wut reagierten. Man kennt die schrecklichen Geschichten über Eltern, die Kinder schlagen, schütteln (Schütteltrauma), schwerst verletzen oder gar töten, weil sie mit dem wütenden Schreien ihres Kindes nicht umgehen können und es nicht mehr aushalten. Wahrscheinlich weil auch sie von ihren Eltern nicht gelernt haben, wie die Energie der Wut abgebaut werden kann. Aus dieser Hilflosigkeit wurde dann ohnmächtiger Zorn.

Man fragt sich immer wieder, wie es zu solchen schrecklichen Krisen kommen kann. Es sind die Überforderungsgefühle, die schon in der eigenen Kindheit nicht auszuhalten waren, die die Vernunftregion im Gehirn deaktivieren. Niemand kann verstehen, wie eine solche Gewalttat an einem unschuldigen Kind begangen werden kann, auch jene Eltern nicht, die dann vor Gericht stehen. Sie sagen dann, sie können ihr Verhalten nicht verstehen und nicht erklären. Es entstand ein Teufelskreis, je mehr das Kind schrie, desto hilfloser fühlte sich Mutter, Vater oder Bezugsperson – oder alle miteinander. Unablässiges Schreien des Babys verursacht Stressreaktionen, die gesteigerte Erregung, begleitet von den gleichen Gefühlen der Hilflosigkeit und des Versagens wie in der eigenen Kindheit, führt dann zu diesen Gewalttaten. Was man gebraucht hätte, und als Erwachsener braucht, ist Entlastung und die Einsicht, dass Wutgefühle völlig normal sind, dass sich darin enorme Energien verbergen, die man nützen kann, um zum Beispiel Arbeiten, die man schon lange aufgeschoben hat, zu erledigen.

**Fallbeispiel**

*Frau L. ist eine 32-jährige alleinerziehende Mutter eines fünf Monate alten Jungen. Der Vater des Kindes arbeitet für zwei Jahre im Ausland und merkt mit großer Sorge, dass Frau L. ungeahnte Aggressionen verspürt, wenn ihr Baby endlos lange entsetzlich und, wie sie meint, vor Wut schreit. Sie kann ihr Baby nicht beruhigen, da sie sich dann selbst zornig und wütend fühlt und sich nur mit aller größten Anstrengung zurückhalten kann, ihr Baby zu schlagen. Ihre Mutter erzählt ihr, als sie selbst einmal dabei ist, als ihr Enkelkind so schreit, dass sie es auch nicht ausgehalten habe, wenn Frau L. als Baby so schrie. Sie sagt, dass sie das so aufregte, dass sie dann das Baby anschrie und schließlich, weil sie mit ihrer Wut gar nicht mehr zurechtkam, ihre Tochter allein gelassen hat und sich mitunter stundenlang nicht mehr blicken ließ, obwohl das Baby immer wieder weinte.*

*Die Tochter sucht eine Psychologin auf, um mit ihrer unbezähmbaren Wut und folglich Angst, sie könne ihrem Baby einmal etwas antun, umgehen zu lernen. In der Psychotherapie wird eine Strategie erarbeitet, wie sie die Energie dieser Wut nützen kann. Sie erlernt eine mentale Methode, Energie umzuleiten. Wenn ihr Baby aus Wut schreit, sagt sie ihm, dass sie nun das Bücherregal ausräumen wird und es ihr zuschauen möge. Anfangs reißt sie die Bücher heraus. („Ich war außer mir, es tat mir gut, mich so wild aufzuführen.") Das Ordnen der Bücher (und dabei Sehen, welche „Schätze an Büchern" sie besitzt), beruhigt sie immer schneller; später werden dann die Kleiderschränke usw. für solche Prozeduren hergenommen. Sie überträgt auf ihren Sohn die innere Haltung, auch er beruhigte sich zunehmend schneller, wenn sie, wie sie es nennt, gemeinsam lernen, mit Wut umzugehen.*

Die Entwicklung des Kindes ist von der Förderung, die es erfährt, abhängig. Auch die intellektuelle und moralische Entwicklung hat in der Vermittlung der Werte von Mutter, Vater oder Bezugsperson ihre Basis. So zeigen Kinder, die bereits früh als aggressiv auffielen, also aggressives Verhalten brauchten, um sich in ihrer kindlichen Welt von Wut und Ärger zurechtzufinden, auch als Erwachsene solche Verhaltensweisen.

Es sind die Erfahrungen der ersten Lebensjahre, die den alles entscheidenden Vorteil für einen Menschen ausmachen oder eben eine Hürde, die im Erwachsenenleben zu bewältigen ist.

Der Höhepunkt in der Entwicklung eines Menschen im Denk- und Gedächtnisvermögen wird in der Pubertät vermutet, danach benötigt neu zu Erlernendes, sowohl im Verhaltensbereich als auch im Wissenserwerb, größere Anstrengung.

Auch, wie mit dem Wissen um Regeln und die innere Motivation, nach ihnen zu handeln, umgegangen wird, ist in der frühen Kindheit angelegt worden. Jeder weiß, dass Kinder, die aus einem Elternhaus kommen, in dem zum Beispiel zum Stehlen angeregt wird, stehlen werden. Als Erwachsener kann aber dieser „Regelbruch" oder das innere moralische Konzept anders gelebt werden.

Interessant ist, dass sich in den Moralvorstellungen deutliche Unterschiede zwischen den Geschlechtern zeigen. Fragt man Menschen, wer bei moralischen Konflikten ein schlechtes Gewissen hat und lieber gemäß den Normen handeln möchte, zeigen ca. 60 Prozent der Frauen eine hohe moralische Motivation, aber nur rund 35 Prozent der Männer. Auch dafür könnten Erziehungsunterschiede („Ein Mädchen macht so etwas nicht") die Ursache sein. Warum die Gefängnisse zu 80 Prozent männliche Insassen haben, ist noch mit keiner einheitlichen These erklärbar.

## FAMILIENMOTTO

Wie sehr wir unsere ersten Erfahrungen ins Leben mitnehmen, zeigt ein interessantes „Spiel": Bittet man Menschen, sie mögen ein Sprichwort oder etwas Ähnliches aufschreiben, das ihnen spontan einfällt, stellt sich heraus, dass dieser Spruch erstens großen Einfluss auf ihr Leben hat und zweitens das „ungeschriebene" Motto in der Familie war.

**Fallbeispiel: Positives Motto**

*Frau Dr. E., eine 50-jährige Frau, feierte ihren zweiten Doktortitel. In der Festansprache erzählte ihre Schulfreundin, dass sie in Erinnerung habe, was der Vater von Frau Dr. E., ein Polizist, der immer wieder mit Räubern zu tun hatte und daher sah, wie schnell materielle Güter weg sein können, oft sagte: „Lerne, lerne dein ganzes Leben lang, denn Wissen ist das Einzige, was dir kein Mensch wegnehmen kann." Frau Dr. E. lebte, ohne dass es ihr bewusst war, nach diesem Motto. Sie hatte nicht nur ihr zweites Studium abgeschlossen, sie hatte viele wissenschaftliche Arbeiten verfasst und eigentlich ihr ganzes Leben lang gelernt.*

Was war das Motto in Ihrer Familie? Welches Sprichwort wurde immer wieder zitiert? Suchen Sie dieses Motto und prüfen Sie, ob es heute noch als Anleitung zu einem Verhalten geeignet ist. Wenn ja, machen Sie es zu **Ihrem** Motto, wenn nein, verbannen Sie es aus Ihrem Leben.

**Fallbeispiel: Negatives Motto**

*Herr U., ein 65-jähriger Mann, wurde „zwangspensioniert". Er war erfolgreich im Beruf, aber sein Leben lang ein unsympathischer Mensch, hatte keine wirklichen Freunde, nur solche, die ihm schmeichelten ob seiner wichtigen Position. Jeder war froh, dass er gehen musste. Herr U. ist als Einzelkind zu einem extrem unguten Egoisten erzogen worden, das Motto in seiner Familie war: „Nur wer auf sich schaut, bringt es zu etwas." Gier war sein lebenslanges Leitmotiv. Unbewusst lebte er nach diesem Motto, Einsamkeit war der Preis.*

## BEGABUNGEN, DIE SICH IN DER KINDHEIT ZEIGTEN, WIEDERFINDEN

Ist die Tätigkeit, die Sie im Spiel so liebten, zu Ihrem Beruf geworden?

Welches war das erste Buch, das Sie gelesen haben? Was haben Sie davon noch in Erinnerung? Wer war der Held oder die Heldin in diesem Buch? Welche Eigenschaften dieser Helden erkennen Sie auch bei sich?

Welche Ihrer Jugendträume wurden wahr, welche nicht? Was hat dazu beigetragen, dass sich manche Ihrer Träume erfüllten? Könnten diese Faktoren vielleicht dazu dienen, noch unerfüllte Jugendträume zu beleben?

## WER BIN ICH? – ERKENNTNISSE DER MODERNEN HIRNFORSCHUNG

Die moderne Hirnforschung dringt heutzutage in die innersten Bereiche des Menschseins vor. Hing man lange Zeit einem Menschenbild nach, das von Descartes geprägt wurde und von einem Geist ausgeht, der vollkommen unabhängig vom Körper existiert, bestätigen die Forscher heute, dass der Mensch ein Gefühlswesen ist, und zwar vom ersten Augenblick seines Lebens an.

Die Frage „Wer bin ich?" wird mit „Ich fühle, also bin ich" (Antonio R. Damasio) beantwortet. Eine liebevolle Kindheit ist für den Menschen das Tor zur Welt. Menschen benötigen für ihre gesunde Entwicklung verlässliche Beziehungen und eine ausgewogene Förderung. Wer seine Kindheitserfahrungen berücksichtigt, eröffnet sich vielfältige Möglichkeiten, sich und die Welt zu begreifen. Wer gelernt hat, seine Gefühle zu deuten und seine emotionale Entwicklung zu verstehen, wird die Zusammenhänge von Gefühl und Verstand erkennen. Lebenskrisen können jeden Menschen erschüttern, unabhängig von seiner Kindheit. Die/der eine kann damit besser, die/der andere weniger gut damit umgehen. Es sind die Bewältigungsmuster aus der Kindheit, die wir anwenden, und nicht der kühle Verstand.

Immer sind es unsere Gedanken, Gefühle, Erinnerungen, Wünsche und Pläne, die unsere Selbstwahrnehmung lenken.

Nur wer gut über sich Bescheid weiß, kann sich als freier Mensch fühlen und sich selbstbestimmt durchs Leben führen. Der große Denker und Arzt Karl Jaspers sagte sinngemäß: *„Ein Tisch ist da, niemand wird sagen, dass ein Tisch existiert. Aber der Mensch existiert und ist Gestalter seines Lebens. Gestalten ist seine Lebensaufgabe."* In die gleiche Richtung führt uns Albert Camus, wenn er sagt: „… Man muss sich Sisyphos, der alle Ewigkeit in der Unterwelt einen Felsblock einen steilen Berg hinauf wälzen muss, der, bevor er den Gipfel erreicht, wieder ins Tal rollt, als einen glücklichen Menschen vorstellen." Sisyphos beginnt seine Arbeit (Sisyphusarbeit) immer von Neuem. „Aber in der Beschäftigung selbst Vergnügen finden – dies ist das Geheimnis des Glücklichen!" (Sophie Mereau, 1770–1806)

Unser Denken erschafft unsere Wirklichkeit. „Nicht die Ereignisse beunruhigen den Menschen, sondern seine eigenen Ansichten darüber." (Epiktet, griech. Philosoph, 50–138 n. Chr.) Wenn die Kindheit kein Ort der guten Entwicklung war, kann es dennoch jederzeit gelingen, das Lebensskript neu zu schreiben. Dazu gehört die Freude an der Anstrengung. Anstrengung ist ein Urprogramm in jedem Menschen, auf das er zurückgreifen kann. Man beobachte Kinder, die im Spiel die Anstrengung des Lebens vorwegnehmen. Sie spielen mit großer Passion, sie bauen Burgen und Häuser und erleben das Glücklichsein in der immer neu und selbst gestalteten Anstrengung. Fast wie Sisyphos beginnen sie immer wieder neu, wenn sie ihr Werk, zum Beispiel am Abend, verlassen müssen. Glücklich, so, wie man sich Sisyphos vorstellen soll, bauen sie neue Burgen, schaffen sie sich neue Anstrengungen.


## WIE SIE IHRE ENGRAMME DECODIEREN KÖNNEN

*„Wie ein Theaterstück ist das Leben, nicht wie lange, sondern wie gut es gespielt wurde, darauf kommt es an."* (Seneca)

Über niemanden wissen wir so viel und gleichzeitig so wenig wie über uns selbst. Unser eigenes Verhalten können wir nur bedingt beobachten, nie können wir uns in die Augen sehen, denn unser Spiegelbild bleibt immer nur ein verkehrtes Bild von uns, in einem Spiegel.

Wir sehen uns niemals von außen, wir können niemals uns selbst mit anderen aus der Beobachterperspektive vergleichen, unsere eigene Stimme hören wir immer deutlich tiefer, als andere uns hören. Selbstkritisch fragen wir uns: Bin ich attraktiv, bin ich schön, bin ich gescheit, mögen mich andere, wirke ich sympathisch usw.? Ja, nicht einmal die Frage „Was macht mich glücklich?" lässt sich nachhaltig leicht beantworten.

Von frühester Kindheit an waren wir darauf angewiesen, dass uns andere diese Fragen an uns selbst beantworten. So sind viele unserer sozialen Merkmale durch das Urteil von anderen entstanden.

Wie bereits erwähnt, kann heute die Frage „Wer bin ich?" neu beantwortet werden, seit uns die moderne Hirnforschung Einblick in unsere Entstehungsgeschichte gibt. „Ich bin mein Gehirn", könnte die Antwort lauten. Millionen Nervenzellen verschalten sich miteinander, das menschliche Bewusstsein sei nichts anderes als eine Kontrollfunktion komplexer Zellsysteme, heißt es. Wir erfahren die Welt nicht mit unseren Sinnen, mit unseren Augen, Ohren oder unserer Haut, sondern damit, was unser Gehirn aus diesen Sinneseindrücken macht. Unser Gehirn, das sind unsere Erfahrungen. Jedes Erlebnis wurde multicodiert gespeichert, das bedeutet, dass in vielen Hirnspeichern die Erfahrung zu jedem Erlebnis darauf wartet, wieder „erlebt" zu werden. Wer zum Beispiel in seiner Kindheit, immer wenn sie/er um Hilfe bat, abgewiesen wurde, wird später im Leben, wenn sie/er Hilfe braucht, ein Gefühl spüren, das ihr/ihm sagt: „Frag nicht danach, sie werden dich zurückweisen." Dabei wird einem aber nicht einfallen, dass dieses Gefühl damit zusammenhängt, dass Mutter, Vater oder Bezugsperson einen als Kind speziell dann zurückgewiesen haben, wenn man Hilfe dringend gebraucht hat.

## BEWUSSTHEIT ERWEITERT UNSERE MÖGLICHKEITEN, ETWAS ZU VERÄNDERN

Lebenswege lassen sich kaum vorhersagen, wohl aber die Entwicklungsspielräume, die uns zur Verfügung stehen. Die Tür zur Veränderung öffnet sich über drei wichtige Selbstgefühle. Die Selbstachtung stärken Sie über Fragen an Ihr Gewissen. Handle ich so, dass ich ein reines Gewissen haben kann?

Ihr Selbstvertrauen stärken Sie über die Vertrauenswürdigkeit, die Sie sich selbst entgegenbringen. Wenn Sie sich selbst etwas versprechen, zum Beispiel „Morgen höre ich auf zu …" oder „Morgen beginne ich …", dann sollten Sie dieses Versprechen, das Sie sich selbst geben, auch einhalten. Unser inneres System misst uns mit dem gleichen Maß, mit dem wir andere messen. Wenn jemand ein uns gegebenes Versprechen nicht einhält, dann sinkt das Vertrauen zu dieser Person. Ebenso sinkt unser Selbstvertrauen, wenn wir uns selbst gegebene Versprechen brechen.

Die Selbstzufriedenheit soll angemessen sein. Wer mit allem zufrieden ist, behindert seine Selbstentwicklung, wer immer unzufrieden ist, schwächt sein Selbstwertgefühl. Die Selbstzufriedenheit ist ein Regulator zur Steuerung der Erwartungen und hilft vor falschen Selbstbewertungen.

## DAS LIMBISCHE SYSTEM

Das limbische System ist eine komplexe Gruppe von drei Hirnregionen. Es liegt tief im Hirn und enthält Teile aller Hirnlappen. Ursprünglich glaubte man, dass dieses System nur für die Kontrolle affektiver Verhaltensweisen (Gefühle und Emotionen) von Bedeutung sei. Neuere Forschungen zeigen jedoch die wichtige Rolle des limbischen Systems für unser Fühlen, Lernen, Erinnern, Bewältigen usw. Das limbische System hat Verbindungen zu allen Kerngebieten unseres Gehirns und sehr wesentlich auch zu unserem Geruchssystem. Jeder weiß, wie stark Gerüche

Erinnerungen, die längst verloren geglaubt waren, wachrufen können.

Entwicklungsgeschichtlich ist das limbische System einer der sehr alten Teile des Gehirns und hat sich beim Menschen zu einem ausgedehnten System von Schaltkreisen entwickelt, das einen umfassenden Einfluss auf die emotionale Bewertung aller Sinneserfahrungen hat und die Motive für unser Verhalten kontrolliert. Es ist eine Zentralstelle aller Regulationssysteme und an allen Prozessen unseres Denkens beteiligt.

Die Pioniere auf dem Gebiet der Erforschung unserer Emotionen und Gefühle sind unter vielen anderen der US-Psychologe Paul Ekman und der portugiesisch-amerikanische Neurologe Antonio R. Damasio. Sie gehen von den bereits beschriebenen „Basisemotionen" aus; zu ihnen gehören Angst, Verachtung, Ekel, Freude, Ärger, Zufriedenheit, Verlegenheit, Aufgeregtheit, Schuldgefühl, Erleichterung, Trauer, Scham. Sie beruhen auf neuronalen Netzwerken des limbischen Systems, man könnte sagen: dem „Sitz der Seele".

Antonio R. Damasio unterscheidet Gefühle von Emotionen und stellt den Dualismus Geist versus Körper in Frage. Verstand versus Gefühl, das geht nicht, sagt er. „Vernünftige Entscheidungen, lautet ein Binsenwahrheit, müssen mit kühlem Kopf getroffen werden, denn Gefühle und Vernunft schließen einander aus. Demzufolge müsste jemand, der keine Gefühle empfindet, besonders rational sein." Jede Emotion, jedes Gefühl hat eine Körperveränderung zur Folge: Emotionen sind Körperzustandsveränderungen, Gefühle sind Wahrnehmungen solcher Körperzustandsveränderungen. So führt zum Beispiel die Emotion der Angst zu deutlich spürbaren, sogenannten „somatischen Markern", wie beschleunigtem Herzschlag, flacher Atmung, zitternden Lippen, weichen Knien und Gänsehaut. Oder kann sich jemand einen Zustand der Wut vorstellen, bei dem man nicht zugleich die bebenden Nasenflügel, die Anspannung der Kiefermuskulatur und das Ballen der Fäuste spürt? Warum man aber diese Emotionen entwickelt, hängt maßgeblich von unsern Kindheitserfahrungen ab. Diese Konstruktionen von multicodiert abgelegten Erfahrungen, die wir in unseren ersten Lebensjahren gemacht haben, steuern unsere Gefühle und Emotionen ein Leben lang. Man „fühlt" etwas, wenn sich die Wahrnehmung eines bestimmten Körperzustandes mit der Wahrnehmung einer bestimmten Art zu denken verbindet.

Alle Gefühle und Emotionen, die die entscheidenden Bindeglieder zwischen Körper und Seele sind, dienen letztlich nur drei Zielen: dem Überleben, der Vermeidung von Schmerz und der Vergrößerung von Lustgefühlen.

Emotionen sind angeboren. Alle Menschen haben sie, wie aus interkulturellen Vergleichen bewiesen werden kann. Man erkennt sie über alle Ethnien hinweg an einem typischen Gesichtsausdruck, der Mimik und einem spezifischen Körperzustand. Wer lächelt (soziales Lächeln: Man lächelt, wenn man angelächelt wird), hat eine ganz bestimmte Mimik und Körperhaltung, die auf der ganzen Welt gleich ist. Schon ein Säugling antwortet mit einem Lächeln auf seine Umgebung – insbesondere auf Gesichter, die sich ihm lächelnd zuwenden. Herzhaft lachen können Säuglinge ungefähr ab dem vierten Lebensmonat.

Durch bestimmte Störungen, Krankheiten, aber auch durch abweisendes Verhalten von Mutter, Vater oder Bezugsperson kann es vorkommen, dass ein Kind das soziale Lächeln verlernt, dass es unsicher wird, dass es dann im späteren Leben jemand ist, der deswegen als „kalt" bewertet werden könnte.

Emotionen sind nach Damasios Definition durch eine für einen Beobachter sichtbare Reaktion (zum Beispiel Gesichtsausdruck) erkennbar. Wir erkennen einen Menschen, der sich freut, sofort an seinen „somatischen Markern", also der Art, wie sich die Gesichtsmimik verändert, vielleicht auch daran, dass sie/er die Arme ausbreitet, um uns zum Beispiel zu begrüßen.

Gefühle aber stellen für Damasio die private, mentale Erfahrung der Emotion dar; sie sind von anderen nicht direkt beobachtbar; es sind die sogenannten Bauchgefühle, die in diesem Buch bereits beschrieben wurden. Aus heiterem Himmel haben wir zum Beispiel ein Gefühl, uns zurückziehen zu wollen, nichts sagen zu wollen. Dieses Gefühl überwältigt uns, wir müssen ihm nachgeben, weil unser physisches System mit seinen somatischen Markern (Veränderungen im Körper, Spannung, trockener Mund, Atemnot usw.) uns eine andere Verhaltensweise nicht möglich macht. Wir sind aber nicht in der Lage, zu erkennen, woher diese Gefühle kommen.

Die Hirnregionen, aus der diese Empfindungen kommen, sind nicht sprachfähig, wir haben keine Worte. Diese Gedächtnissysteme, die früh gemachte Erfahrungen gespeichert haben, bleiben ein Leben lang aktiv. Es sind sogenannte Autobahnen im Kopf. Gehirnbilder der Hirnforscher zeigen Details unseres Autobahnsystems mit den vielen kleinen Feldwegen.

Da unser Gehirn beim Denken vom Körper beeinflusst wird, können die somatischen Marker, also Veränderungen unseres Körpers, dabei helfen, Gehirnstrukturen umzubauen. Unsere geistigen Fähigkeiten sind nicht nur davon abhängig, wie klug wir sind, sondern auch davon, wie fähig unser Körper ist, dem Hirn beim Klug-Handeln zu helfen. Das bedeutet, dass wir unseren Körper nützen können, wenn wir Spuren der Kindheit löschen wollen (Spuren sind nicht Erinnerungen, denn die Erinnerungen sind nicht löschbar, aber die Auswirkungen), uns also neue Autobahnen und Wege bauen wollen. Wir haben die Möglichkeit, neue somatische Marker zu setzen. Man denke an die alte Weisheit „Lass den Kopf nicht hängen", ein Appell, der nun ganz neue Bedeutung erlangt.

Gut erkennbar sind diese Autobahnen an der Basisemotion Ekel. Menschen, die von klein an zum Beispiel Ekel vor Spinnen „lernen", ekeln sich ein Leben lang unreflektiert vor Spinnen. Menschen in Kulturen, wo Ameisen, Spinnen, Schlangen, Käfer usw. „Leckerbissen" darstellen, haben dieses Ekelempfinden nicht. Auch Kinder aus Bauernelternhäusern haben andere Ekelempfindungen als Stadtkinder. Mit Methoden der Psychologie, zum Beispiel der Desensibilisierung, können solche Autobahnen gelöscht und neue gebaut werden.

# WIE EIN TRAUMA ENTSTEHT

Etwa 100 Milliarden Nervenzellen, sogenannte Neurone, haben wir in unserem Gehirn. Zwischen diesen Neuronen werden unentwegt biochemische und elektronische Impulse weitergegeben. Bevor wir einen Gegenstand erkennen, sucht unser Gehirn in vielen gespeicherten Daten nach Zusammenhängen, um ein sinnvolles Bild zu erzeugen. Der Anblick eines Gegenstandes, also zum Beispiel eines Autos, setzt voraus, dass wir ein Auto schon einmal gesehen und verstanden haben, dass das ein Auto ist. Wer aber zum Beispiel mit einem Gegenstand eine Erfahrung verbunden hat, die schmerzlich war, hat auch das gespeichert.

Am besten nachvollziehen kann man das an der Erfahrung mit Hunden. Menschen, die unbegründet Angst vor Hunden haben, also sich fürchten, egal wie gefährlich oder ungefährlich ein Hund aussieht, wurden in ihrer Kindheit vielleicht einmal von einem Hund sehr erschreckt oder gar attackiert. Sie können daher einem Hund nicht neutral begegnen. Es werden jeweils alle bisher gespeicherten Informationen aktiviert, um erkennen zu können, welche Erfahrungen wir mit diesem „Objekt" gemacht haben. Waren diese angenehm, wird der Erkennungsprozess mit angenehmen Gefühlen begleitet. Waren diese aber zum Beispiel mit Angst verbunden, werden Angstgefühle entwickelt und wir werden uns angstvoll verhalten. Auch wie wir mit Angst umgehen, haben wir in unseren ersten Lebensjahren gelernt.

Ein Trauma entsteht, wenn durch eine Belastung der ursprünglich natürliche Zyklus von Orientierung, Flucht, Kampf und Immobilitätsreaktion (Totstellreflex) nicht vollständig durchlaufen werden kann oder gar nicht erst zustande kommt.

Bei der Aufarbeitung der Folgen von Schock und Trauma muss deshalb die körperliche Reaktion auf das verursachende Ereignis als eigenes Phänomen verstanden und berücksichtigt werden. Da aber bei einem Kind oft nicht erkannt wird, dass eine Situation bereits traumatisch war, bleiben die Erfahrungen des Sich-nicht-wehren-Könnens mit den Auslösegefühlen gespeichert. Heute wissen wir, dass sich Körper und Seele alles merken, was wir in unserer Kindheit erlebt haben. Überwältigende Erlebnisse, schwere Stürze, Verkehrsunfälle, Schocktraumata, aber auch Operationen und schwere Krankheiten haben Spuren hinterlassen. Tief verankert und gespeichert sind schmerzliche Gewalterfahrungen, Missbrauch, Verlust eines nahen Menschen u.a.m.

Die während eines solchen bedrohlichen Ereignisses ablaufenden körperlichen und seelischen Reaktionen bleiben in uns lebendig und werden aktiviert, sollten wir in eine ähnliche Situation kommen. Der zugrunde liegende biologische Mechanismus geht auf einen ursprünglichen Reiz-Reaktions-Zyklus zurück. Grundsätzlich haben Menschen drei Optionen, auf traumatische Ereignisse zu reagieren: zu flüchten, sich zu wehren oder sich totzustellen.

Man könnte von einem Überlebenskampf sprechen und die dabei mobilisierte Stressenergie wird als erfolgreiche Überlebensmethode gespeichert. Da wir als Kinder kaum die Möglichkeit des Kämpfens hatten, bleibt uns die Flucht oder das Totstellen. Kommen wir nun als erwachsene Menschen in eine Situation, die in uns solche Gefühle erzeugt, erinnert sich unser System an die Überlebensstrategie von damals. Wenn wir uns zum Beispiel durch Mobbing so fühlen wie ein Kind, das verspottet und abgelehnt wird, wehren wir uns nicht, sondern stellen uns entweder tot oder flüchten, weil wir auf Abwehrmechanismen der Kindheit zurückgreifen. Die Hirnforscher erklären es damit, dass ein rationaler Teil unseres Gehirns gehemmt beziehungsweise außer Kraft gesetzt ist.

Dies kann dazu führen, dass die vom Körper im Alarmzustand bereitgestellte Überlebensenergie vom Gehirn nur unvollständig oder verzögert aufgelöst wird. Der Organismus reagiert in der Folge weiterhin so wie auf die Bedrohung aus der Kindheit. In diesem Falle sind die in der Gegenwart zu beobachtenden Reaktionsweisen, Verhaltensmuster, Überzeugungen, Gedanken und Gefühle dann oft auch noch mit den erschreckenden Erfahrungen der Vergangenheit gekoppelt.

Da auch der Körper wie damals reagiert, entstehen oft verwirrende und auch beängstigende psychische und somatische Symptome. („Ich wollte nicht weinen, aber ich konnte mich nicht mehr halten, mitten in der Sitzung musste ich losheulen.")

Unser Hirn greift, wenn es zwischen Alternativen wählen muss, auf alle gespeicherten Erfahrungen zurück, sozusagen auf eine sehr große Bibliothek, in der alle Gefühle, die sich speziell in der Kindheit angesammelt haben, aufgeschrieben sind. Sie sprechen zu uns mit den bereits erwähnten „somatischen Markern", also zum Beispiel „verkrampft" sich in uns alles, wenn „etwas ein Krampf" ist, wie es umgangsprachlich heißt. Speziell Angstgefühle werden in vielen Stellen des Gehirns abgespeichert. Wenn wir zum Beispiel in der Kindheit im Gedränge bei der Supermarktkassa unsere Mutter „verloren" haben, kann es sein, dass diese Angst sich bei ähnlichen Situationen wieder in den Vordergrund drängt. Wir sagen dann: „Ich halte das Gedränge bei der Kassa nicht aus, das macht mir Angst", und wir können auf vernünftige Appelle nicht reagieren, weil unsere somatischen Marker eine „Angsthaltung" erwirken. Der Reiz führt zur Ausschüttung von Botenstoffen, die das einmal erlebte körperliche Unbehagen wiedererwecken. Man glaubt, dass dieser Mechanismus in der Evolution entwickelt wurde, um einer Gefahr zu entkommen.

Manchmal dringen solche Gefühle bis in unser Bewusstsein vor und wir wissen dann, warum wir so und so fühlen, haben aber trotzdem keine Wahl. Wir sagen dann: „Ich kann nicht anders."

Diese gespeicherten körperlichen und psychischen Reaktionsmuster zeigen sich im Erwachsenenleben als Übererregbarkeit, Überaktivität, jähzornige Wutausbrüche, Ängste und Panikattacken. Auch Gefühle von Entfremdung, Konzentrationsstörungen, Bindungsunfähigkeit, Schlafstörungen, Erschöpfung, unerklärbare Schmerzen, Migräne, Nacken- und Rückenprobleme können auf tief in unserer Erfahrungswelt gespeicherte und nicht aufgearbeitete Probleme zurückgeführt werden. Depressionen, Schwäche des Immunsystems und manche Darmprobleme können ebenfalls Folgen von gespeicherten Reaktionen auf unbewältigte Belastungen in der frühen Kindheit sein.

Jedes kindliche Trauma ist im Gehirn verankert. Es ist eine biologisch unvollständige Antwort des Körpers auf eine damals als lebensbedrohlich erfahrene Situation. Dabei ist nicht das Ereignis selbst entscheidend, sondern die Bedeutung, die wir ihm gaben. Gespeichert ist die Reaktion, wie die physiologischen und psychischen Regulationskräfte mit der vermeintlichen oder wirklichen Bedrohung fertiggeworden sind.

Diese tief verankerten Nachwirkungen von Erfahrungen der frühen Kindheit können nur langsam und schrittweise aufgelöst werden.

## NEUE SICHT AUF DIE BEDEUTUNG DER KINDHEIT

Kein Kind ist verantwortlich dafür, was ihm und mit ihm in den ersten sieben Jahren passiert ist. Ja sogar für die ersten Schulnoten braucht sich kein Mensch zu schämen, wenn diese schlecht waren; es waren die Eltern und Lehrer, die nicht erkannt haben, welche Unterstützung Sie gebraucht hätten.

Schauen Sie die Realität des erlittenen Unrechts mit wachsamen Augen an, deuten Sie die Gefühle, die hochkommen neu, wenn Sie an Ihre ersten sieben Lebensjahre denken. Prüfen Sie, welchen Anteil der Verantwortung ein Kind in diesem Alter haben kann, und zwar mit dem Blick eines Erwachsenen auf ein Kind.

Schauen Sie Ihre Verzweiflung dieser frühen Kindheit mit neuen Augen an, mit dem Fokus „Was hätte mir damals gut getan, was hätte ich gebraucht?".

Nehmen Sie die Wirklichkeit der eigenen Person in der Gegenwart wahr, im Vergleich zu jenem Kind, das Sie damals waren, und werten Sie die Umstände neu. Wirklichkeit ist das, was jetzt wirkt.

Nie brauchen Sie sich einen Vorwurf machen für all das, was in Ihrer frühesten Jugend passiert ist.

Der öffentliche Diskurs über die Bedeutung der Kindheit ist in verschiedensten Varianten verbreitet. Gemeinsam ist all diesen

Diskussionen, dass sie zwar aufzeigen, wie wichtig die Zeit der Erziehung war, aber kaum Perspektiven beleuchten, wie die seelischen Verletzungen und Verbiegungen geheilt werden können und folglich ein Fehlverhalten geändert werden kann.

Gespräche über den Einfluss der Erziehung werden entweder dann geführt, wenn ein besonderes Verbrechen geschehen ist und man die Verhaltensweise des Täters mit seiner elenden Kindheit zu erklären versucht, oder es werden eigene, individuelle Erfahrungen reflektiert und ausgehend von dieser Perspektive bewertet. Dabei wird von einem normativen Bild von Kindheit ausgegangen, also davon, wie Kindheit zu sein habe, und dieses Idealbild als Maßstab herangezogen.

Dies führt zu einer gewissen Verzagtheit, denn niemand hat eine 100%ig perfekte Kindheit und niemand konnte sich sein Elternhaus aussuchen. Das Gefühl, für immer an diesen Defiziten leiden zu müssen, nimmt jede Kraft, an einer Änderung zu arbeiten.

Hier kommen nun die Ergebnisse der modernen Hirnforschung zum Tragen, die ein vollkommen neues Menschbild aufzeigen.

Jeder Mensch hat ein gewisses Vermögen in sich, das Leben zu meistern. Der eine ist genetisch besser ausgestattet und kann sich gut entwickeln, trotz widriger Umstände, der andere muss sich anstrengen, um zu seinem individuellen glücklichen Leben zu kommen. Je näher das „So will ich sein" dem „So bin ich" ist, desto mehr erscheint das eigene Leben in einem hellen, angenehmen Licht und desto stärker kann sich ein Selbstwertgefühl, also das Empfinden, selbst wertvoll zu sein, ausprägen.

## DAS LEBEN TROTZ WIDRIGER UMSTÄNDE MEISTERN

Wie können es manche Menschen schaffen, das Leben in jeder Lage zu meistern? Wieso können einige Menschen Krisen, Notlagen und Hindernisse bewältigen, obwohl sie eine schwere Kindheit hatten, während andere daran verzweifeln und zu zerbrechen drohen? Wieso haben manche immer Pech und andere scheinen vom Glück begünstigt zu sein? Wie kann es sein, dass manche mit dem Verlust des Arbeitsplatzes, dem Tod eines geliebten Menschen oder gar der Diagnose Krebs gut umgehen können und andere in tiefe Hoffnungslosigkeit fallen?

Ein Leben ohne Leid, ohne schwierige oder bedrohliche Situationen ist noch nicht erfunden. Fast jeder Mensch kommt einmal im Leben an die Grenzen des Ertragbaren. Schmerz, Trauer, Einsamkeit, Gefühle von Ohnmacht oder Hilflosigkeit gehören zum Leben und müssen bewältigt werden.

Wer schwere Lebenskrisen oder Schicksalsschläge gemeistert hat, ohne völlig das Gleichgewicht zu verlieren, stärkt sein Selbstwirksamkeitsempfinden und sein Selbstwertsystem. Glück hängt eng mit bewältigter Anstrengung zusammen. Wer fähig ist, mit eigener Kraft aus einer Krise herauszukommen, hat sein Resilienzvermögen gestärkt.

Resilienz bedeutet wörtlich Elastizität, Spannkraft, Schwung, Beweglichkeit und Unverwüstbarkeit. Physiker sprechen von Resilienz als der Fähigkeit eines Stoffes, sich zu dehnen und zu verformen, ohne zu brechen. Dieses Vermögen ist auch im Menschen angelegt, diese seelische Widerstandskraft, an den Widrigkeiten des Lebens nicht zu zerbrechen. Resiliente Menschen schaffen ein gelingendes Leben, trotz widriger Umstände, im Volksmund sagt man zu ihnen auch, sie sind „Stehaufmännchen" oder sie haben „Steherqualität". Solche Personen lassen sich durch Niederlagen oder Misserfolge nicht entmutigen, sie überwinden sich und lassen sich auf die Herausforderungen des Lebens immer wieder ein. Sie versuchen, die Dinge des Lebens selbst zu meistern.

Wenn sich Menschen aber wiederholt in ähnlichen Krisensituationen befinden, wenn sie davon überzeugt sind, „immer Pech zu haben", lässt das auf ein Verhalten schließen, das unbewusst aus der Kindheit fortgesetzt wird, und sie daher einen für das Leben eines erwachsenen Menschen ungeeigneten Bewältigungsweg eingeschlagen haben.

Wer unglücklich ist, weil sie/er die Erwartung hat, unverletzbar, unbesiegbar zu sein, oder wie ein Kind von allen geliebt werden will oder nie die Verantwortung für sich übernehmen will, also kindliche Hoffnungen aufrechterhält, die anderen müssen sich um ihr/sein Glück kümmern, macht Resilienz unmöglich.

Neue Glaubenssätze, die besagen, dass man seinem Schicksal nicht ausgeliefert ist, dass man sein Leben in die Hand nehmen und sein Verhalten ändern kann, schaffen Gefühle von Zuversicht, bewirken, dass man sich etwas zutraut, sich neu orientiert und die Erwartungen an die Realität anpasst. Unerschütterliches Vertrauen in das eigene Vermögen ist der Königsweg, der Kraft gibt und die seelischen Wunden der Kindheit heilen hilft. Resilientes Verhalten ruft Stärken hervor, die bis dahin als unerreichbar gesehen wurden.

Resilienz lässt sich erlernen. Wer sich vorstellt und damit rechnet, dass eigenes Handeln dazu führen wird, das gewünschte Ziel zu erreichen, wird Wege finden, Hindernisse zu umschiffen. Wer lernt, Probleme aktiv anzugehen, dabei nach Ressourcen in sich sucht und seine, vielleicht bis jetzt nicht genutzten Talente effektiv einsetzt, wird resilient werden. Wer beginnt, an seine Kraft zu glauben, wird Stress und Aufgaben weniger als Belastung, sondern mehr als Herausforderung wahrnehmen. Man spricht von der sogenannten „kognitiven Umstrukturierung".

Niemand ist davor gefeit, den Widrigkeiten des Lebens plötzlich und unerwartet oder auch wiederholt ausgesetzt zu sein. Immer gilt es, das Trauern, Zweifeln, Klagen, Leiden und Weinen daraufhin zu prüfen, ob es aus den Tiefen der Kindheitserfahrung kommt oder ob es dem Alter adäquat ist, in dem man sich befindet. Wer sich „zu Tode" kränkt, weil jemand auf den Geburtstag, Hochzeitstag usw. vergessen hat, oder beleidigt ist, weil ein anderer ein Kleidungsstück nicht schön findet, das man trägt, oder nicht aushält, dass sich ein Partner von einem abwendet, lässt die Gelegenheit aus, sich von Verhaltensweisen der Kindheit zu verabschieden.

Auch wer seelisch verletzt, verstört und tief entmutigt wurde, kann sich innerlich aufrichten, indem sie/er sich Wege sucht, die verhindern, aus der Bahn geworfen zu werden. Ein Mantra, das man sich immer wieder vorsagt, zum Beispiel: „Ich vertrau auf meine Stärke als erwachsene Person, die ich jetzt bin", kann helfen sich „neu zu erschaffen".

Erstaunlich ist, dass es Menschen gibt, die sehr stark von Schicksalsschlägen in der Kindheit betroffen waren und sich fast als unverwundbar zeigen. Es sind Menschen, die eine sehr schwere Kindheit erleben mussten und ihr Leben außergewöhnlich gut meistern, manchmal auch trotz körperlicher Behinderungen. Sie wurden zu leistungsfähigen und stabilen Persönlichkeiten, trotz mangelnder Nestwärme, mangelnder Anerkennung und manchmal trotz psychisch kranker Eltern. Sie mussten aus ärmlichen Verhältnissen ihren Weg finden, der von früher Kindheit an ein steiniger war.

Als Erwachsene sind sie Menschen, die in schweren Lebenskrisen und nach Schicksalsschlägen nicht auf Dauer verzweifeln, nicht die Fassung verlieren oder in Selbstmitleid versinken. Sie umschiffen die Klippen des Lebens souverän, sind nie alkohol- oder drogensüchtig, sondern fallen durch hohe Selbstdisziplin auf.

Was machte diese Entwicklung möglich, wieso scheinen diese Menschen unverwundbar zu sein, was hilft ihnen, so stark zu sein und trotz schwieriger Verhältnisse gut zurechtzukommen? Welche Faktoren oder Prozesse halfen ihnen, sich trotz hohem Risiko normal zu entwickeln?

Die sogenannte Kauai-Studie, die an 698 Kindern über ca. 40 Jahre auf der Insel Kauai in Hawaii durchgeführt wurde, gibt einige Hinweise, was Resilienz begünstigt. (Emmy E. Werner, eine der wichtigsten Forscherinnen aus diesem Projekt, überlebte als Kind die Bombennächte in Mainz, wanderte dann mit den Eltern in die USA aus und brachte es zu einer angesehenen Wissenschafterin – zeigte also selbst Resilienz.) Bereits in der pränatalen Entwicklungsperiode wurde der Einfluss einer Vielzahl biologischer und psychosozialer Risikofaktoren, kritischer Lebensereignisse und schützender Faktoren in der Entwicklung dieser knapp

700 Kinder erfasst, die im Jahr 1955 geboren wurden. Sie wurden im Alter von 1, 2, 10, 18, 32 und 40 Jahren untersucht.

Bei etwa 30 % der überlebenden Kinder in dieser Gruppe bestand ein hohes Entwicklungsrisiko, weil sie in chronische Armut hineingeboren wurden, geburtsbedingten Komplikationen ausgesetzt waren und in Familien aufwuchsen, die durch elterliche seelische Erkrankungen und dauerhafte Disharmonie belastet waren. Zwei Drittel dieser Kinder, die im Alter von zwei Jahren schon vier oder mehr Risikofaktoren ausgesetzt waren, entwickelten dann auch schwere Lern- und Verhaltensprobleme in der Schulzeit, wurden straffällig und hatten psychische Probleme im Jugendalter.

Auf der anderen Seite entwickelte sich aber ein Drittel dieser Kinder trotz der erheblichen Risiken, denen sie ausgesetzt waren, zu leistungsfähigen, charakterfesten und fürsorglichen Erwachsenen. Im Alter von 40 Jahren gibt es in dieser Population im Vergleich mit der Altersgruppe die niedrigste Rate an Todesfällen, chronischen Gesundheitsproblemen und Scheidungen. Trotz einer schweren ökonomischen Rezession – die Insel wurde durch einen Orkan fast total verwüstet – haben all diese Erwachsenen Arbeit und keiner benötigt Hilfe vom Sozialdienst. Keiner dieser resilienten Erwachsenen hat Konflikte mit dem Gesetz. Ihre Ehen sind stabil, sie schauen hoffungsvoll und positiv in ihre Zukunft und haben viel Mitgefühl für andere Menschen in Not. Die lebensbejahenden Eigenschaften dieser Menschen, und zwar von frühester Kindheit an, und ihr Glaube an die Liebe zu mindestens einer Person innerhalb der Familie oder Gemeinde scheinen Schutzfaktoren zu sein.

Resiliente, also Kinder, die mit den Widrigkeiten ihres Lebens gut umgehen konnten, zeigen Verhaltensweisen, die bei anderen Menschen positive Reaktionen auslösen. Sie sind imstande, ihre positive innere Einstellung auf andere zu übertragen. Sie wurden bereits als Baby als aktiv, gutmütig und liebevoll bezeichnet. Sie hatten schon als Kleinkinder, wie auch später als Erwachsene, ein günstiges Antriebsniveau, sind gesellig und ausgeglichen. Sie haben die Fähigkeit, Hilfe zu erbitten, wenn sie diese brauchen, und geben im umgekehrten Fall gerne Hilfe. Sie schätzen stresserzeugende Lebensereignisse realistischer ein und benutzen eine Vielfalt flexibler Bewältigungsstrategien, auch in Notsituationen. Diese resilienten Kinder zeichneten sich auch dadurch aus, dass sie mit mindestens einer kompetenten und stabilen Person eine solide Beziehung aufbauten. Sie haben also trotz ungünstiger Umstände am Anfang ihres Lebens ein grundlegendes Selbstvertrauen entwickelt. Was genau einen Menschen resilient macht, ist Inhalt von vielen Forschungen, eine letztgültige Antwort gibt es nicht.

**Fallbeispiel**

*Frau L., eine 88 jährige Frau, erzählt bei einem Seniorentreffen von ihrem entbehrungsreichen Leben in einem kleinen Dorf. Sie war das einzige Kind ihrer Mutter und sie war ein uneheliches Kind. Ein Schicksal, das sich wie ein roter Faden durch ihr Leben zog. „Es war, als hätte ich ein weithin sichtbares Brandmal, welches ich ein Leben lang mit mir trug." Ihre Mutter musste arbeiten, was damals hieß, 50 Stunden in der Woche am Arbeitsplatz zu sein. Deswegen wurde Frau L. kurz nach der Geburt zur Großmutter gegeben, die selbst neun Kinder hatte, arm war, drei ihrer Kinder lebten noch im Hause, das jüngste dieser drei war nur um zwei Jahre älter als Frau L. Die Großmutter war eine gefühlsarme, kalte Frau, die sie spüren ließ, dass sie keine Freude hatte, noch ein Kind versorgen zu müssen, und die auch immer wieder sagte, es wäre besser, Frau L. wäre nicht geboren worden, noch dazu unehelich. Sie musste viel mitarbeiten in dem kleinen Bauernhof, den die Großmutter mit dem Großvater besaß.*

*Der einzige Mensch, von dem sie Wärme spürte, war der alte Nachbar Herr S., der einmal Bäcker war, aber die Bäckerei schon seinem Sohn übergeben hatte. Er reichte ihr des Öfteren eine Semmel oder ein Kipferl oder sonst eine „Köstlichkeit" über den Gartenzaun und sagte ihr, sie möge es gleich essen, er hätte es nur für sie aus der Bäckerei geholt. Einmal meinte er, er hätte sie noch nie lachen gesehen, das war der Augenblick, wo auch ihr bewusst wurde, dass sie nie lachte.*

Herr S. tröstete Frau L., wenn sie von anderen Kindern verspottet wurde ob der Tatsache, ein uneheliches Kind zu sein, das keinen Vater hatte. Er nahm sie in Schutz, wann immer es ihm möglich war. Nach vier Jahren verstarb Herr S. plötzlich und unerwartet. Mit seinem Tod brach eine Welt für sie zusammen, die, so schien es ihr, durch nichts mehr ins Lot gebracht werden konnte. Sie ging immer wieder zu seinem Grab und führte dort tröstende Gespräche mit ihm weiter, sie glaubte fest daran, dass er ihr auch vom Himmel aus helfen werde. Im Haus der Großmutter war sie nur geduldet, weil sie im Haushalt mithalf. Beruf konnte sie keinen erlernen. Die Arbeit, die sie zu Hause verrichtete, sollte später ihr Beruf werden. Sie schaffte die Schule zwar gut, aber auch die Lehrerin im Dorf ließ sie spüren, dass sie unehelich und somit weniger wert war. So durfte sie zum Beispiel nie in der ersten Reihe sitzen. Sie träumte davon, später eine Familie zu haben, aber sie wollte unter keinen Umständen ein uneheliches Kind.

Der Sohn des Traktorenreparaturbetriebes im Ort kam öfters zur Großmutter, um Eier zu kaufen. Einmal fragte er Frau L., ob sie sich die Werkstatt anschauen wolle; ein paar Wochen später beschlossen sie zu heiraten. Sie war kaum 19, er war sieben Jahre älter, bereits geschieden und hatte eine 3-jährige Tochter. Frau L. und K., so hieß ihr Mann, zogen in die Stadt. K. wurde zum Kriegsdienst eingezogen. Bald bekam sie das erste Kind, einen Sohn, während ihr Mann im Krieg war. Frau L. versuchte sich mit diversen Arbeiten über Wasser zu halten. Ihr Mann kam zwischendurch nachhause, sie wurde wieder schwanger und bekam einen zweiten Sohn, das war kurz nach Kriegsende. Herr K. arbeitete wieder bei seinem Vater in der kleinen Werkstatt im Dorf und verunglückte bei einer Heimfahrt tödlich.

Frau L. war wieder alleine, hatte weder Beruf noch Geld, aber zwei kleine Kinder. In ihrer Not ging sie wieder zurück zur Großmutter, das größere Kind gab sie in ein Kinderheim, sodass sie als Putzfrau arbeiten konnte, das kleine Kind wurde von der Großmutter und ihrer Mutter versorgt, ihre eigene

*Mutter war inzwischen auch wieder auf den kleinen Bauernhof zurückgekehrt. Immer wenn es Frau L. möglich war, holte sie ihren Sohn aus dem Heim zu sich. Sie machte sich Vorwürfe, sah jedoch keine Möglichkeit, ihr Kind bei sich zu behalten. Sie musste arbeiten gehen, um ihre kleine Familie ernähren zu können. Erst vor Schuleintritt konnte sie ihn zu sich holen.*

*Drei Jahre später heiratete sie Herrn B., einen Witwer, bei dem sie hin und wieder als Putzfrau gearbeitet hatte. Dieser begann nach einiger Zeit zu trinken und vertrank Woche für Woche sein Geld. Frau L. sah sich gezwungen, am Auszahlungstag den Wochenlohn von der Arbeitsstätte ihres Mannes abzuholen; dafür schämte sie sich sehr, sie musste es aber tun.*

*Immer wieder, ihr ganzes Leben lang, besuchte sie das Grab des Bäckers, jenes Menschen, der ihr, wie sie sagt, Herzenswärme schenkte und „mich immer wieder aus tiefer Seelennot erlöste."*

*Nach drei Ehejahren lässt sich Frau L. scheiden und bleibt von da an alleine. Sie nimmt eine Arbeit als Zimmerfrau in einem Hotel an, wo sie bis zur Pensionierung bleibt. Ihre beiden Söhne werden rechtschaffene Menschen, gründen Familien und halten gute Kontakte zur Mutter.*

Frau L. hat trotz einer schweren Kindheit und vieler Schicksalsschläge in ihrem Leben immer wieder Lebensmut und Lebensfreude gefunden. Sucht man nach dem Rezept, wie sie sich im Leben immer wieder aufrichtete, so ist es einerseits die Zuwendung des Nachbarn, des Bäckers, der ihr Herzenswärme schenkte und der ihre „Insel" war; andererseits half ihr der Glaube an sich selbst, es immer wieder schaffen zu können.

# Das Verhalten ändern

## WAS IST VERHALTEN?

Wenn in diesem Buch davon gesprochen wird, dass jeder Mensch sein Verhalten ändern kann, so ist das eine Einladung zu einem Denken, das neue Perspektiven auf Bewältigungsstrategien eröffnet. Die Kindheit sollte als eine Zeit gesehen werden, in der man viel gelernt hat. Dazu zählt auch, wie man sich Situationen stellt, in denen Entscheidungen getroffen werden müssen. Diese Haltungen stehen wieder in direktem Zusammenhang mit dem Selbstbild, das ein Mensch von sich entwickelt hat.

Wenn ein Mensch in einer ihm unbekannten Situation eine Verhaltensentscheidung zu treffen hat, sucht er nach einem ihm vertrauten und bewährten Verhalten. Dies kann er dadurch tun, dass er sich daran erinnert, wie er gleiche oder ähnliche Aufgaben in der Vergangenheit bewältigt hat. Da diese Verhaltensentscheidungen aus einem nicht bewussten Bewältigungsengramm gewählt werden, entscheiden Menschen in solchen Situationen mitunter aus dem Bauch, also aus Erfahrungen der ersten sieben Jahre. Das kann bedeuten, dass sich jemand entschließt, zum Beispiel nie seine Meinung zu sagen, weil ihr/ihm in der Kindheit immer vorgesagt wurde, sie/er sei dumm, unglaubwürdig, unerwünscht usw.

In der Psychologie versteht man unter Verhalten ein Handeln, durch das sich der Mensch an seine Umwelt anzupassen versucht. Diese Anpassung basiert dabei auf der genetischen Ausstattung, die ein Produkt der evolutionären Vergangenheit ist, der Erfahrungen, speziell in den ersten sieben Jahren, und der Wahrnehmung der aktuellen Situation. Die Wahrnehmung ist aber wieder von der inneren Einstellung abhängig und diese vom Selbstbild, das ein Mensch von sich hat, und dieses wurde nachhaltig in der Kindheit erschaffen. Diese Faktoren stehen in dauernder Interaktion.

Viele Male, wenn wir sagen: „Ich bin soundso", meinen wir eigentlich: „Ich verhalte mich soundso." Verhalten ist erlernt und kann daher umgelernt werden. Wer sich die Ursache für sein Verhalten erklären kann, zum Beispiel erkennt, dass dieses Verhalten zwar in der Kindheit für sie/ihn wichtig war, aber heute eher hinderlich ist, kann sich neu orientieren und neu verhalten.

## SICH ETWAS ZUTRAUEN –
## SONNE INS HERZ BEKOMMEN

Veränderungen benötigen Zeit und Geduld und man muss sich im Klaren darüber sein, dass neue Wege anfangs holprig verlaufen. *„Wer nicht täglich seine Furcht überwindet, hat die Lektion des Lebens nicht gelernt."* (Ralph Waldo Emerson)

Wer in seiner Kindheit die Erfahrung gemacht hat, dass das, was sie/er sagt, uninteressant ist und als Störung empfunden wird, hat gespeichert, ein „nichtssagender" Mensch zu sein, und wird möglicherweise später für ein solches Verhalten kritisiert werden. Wem in der Kindheit nicht die Chance gegeben wurde, sich darin zu üben, etwas so lange auszudrücken, bis Mutter, Vater oder Bezugsperson es verstanden haben, wird den Glaubenssatz entwickeln „Halt lieber den Mund und verhalte dich ruhig, dann machst du es richtig". Diese Erfahrungen haben zu einer düsteren Sicht auf das Leben geführt.

Die Sprache, mit der jeder Mensch seine Seele erreichen kann, ist die Bildsprache. Jeder weiß es: Wer sich an etwas Schönes erinnert, also ein Bild in sich abruft, empfindet Freude. Wer sich vorstellt, dass ab nun die Sonne in sein Herz scheinen wird, aktiviert Hirnareale, die Ressourcen freisetzen und behilflich sind, düstere Kindheitserfahrungen zu bewältigen.

Persönlichkeiten, die Sonne im Herzen haben, ein sonniges, heiteres Gemüt haben, trotz aller Unbill des Lebens, sind willkommene Zeitgenossen. Solche Menschen scheinen immer Energie zu haben, sie besitzen Kommunikationstalent, sie treten selbstbewusst auf, man erkennt sie schon von weitem an ihrem entspannten und heiteren Gesichtsausdruck. Klingt wie ein Traum, ist aber erlernbar. Eigenschaften wie Freundlichkeit, Höflichkeit, Hilfsbereitschaft, Liebe, Lachen, Großzügigkeit und auch die Gabe, Hilfe anzunehmen, sind einige der Zutaten für diesen angenehmen Zustand. Menschen mit innerer Sonne, also mit heiterem Gemüt, verstehen es, die Dinge des Lebens immer wieder in einem anderen Licht zu sehen, so wie ein Gegenstand, der von der Sonne bestrahlt wird, aus jeder Perspektive anders erscheint.

Versuchen Sie, in Vielfalt zu leben, vermeiden Sie weitestgehend psychische Abhängigkeiten. Viele uns die Freiheit raubende seelische Abhängigkeiten sind uns nicht bewusst, zum Beispiel das Leben verdüsternde Gewohnheiten. Sie müssen sich nicht ärgern, wenn sich jemand an der Kasse vordrängt; Sie können die Zeit nützen, jedes Stück, das Sie gekauft haben, daraufhin prüfen, ob es Ihr Leben erschweren oder erleichtern wird. Sie werden überrascht sein, wie viel Unnötiges wir immer wieder einkaufen und es dann um uns lagern.

Wir neigen eher dazu, uns über kleine Ungemütlichkeiten zu beschweren, als uns für das Gute, das uns widerfahren ist, zu bedanken. Ändern Sie diese ungünstige Verhaltensweise. Schenken Sie Aufmerksamkeit und reagieren Sie positiv auf geschenkte Gefälligkeiten. Sagen Sie ausführlich, wenn Ihnen etwas gefällt. Üben Sie sich darin, über Ihre positiven Gefühle zu sprechen. Nützen Sie die Kraft der Gedanken. In der Psychologie spricht man von kognitiven Strategien, sich selbst in gute Stimmung zu bringen. Dazu gehört, Erinnerungen an Dinge wachzurufen, die Sie fröhlich stimmten. Wenn Sie von düsteren Unzufriedenheitsgefühlen geplagt sind, hilft es manchmal auch, an Menschen zu denken, denen es wesentlich schlechter geht als Ihnen.

Gefühle wie Freude, Zufriedenheit, Heiterkeit erhellen uns, wir sehen unsere Wahlmöglichkeiten besser. Die Sonne im Herzen macht uns offener, freier und geselliger, großzügiger, wir sind eher bereit, auf Kampf und Streit zu verzichten, wir werden versöhnlicher. Diese wärmenden Gefühle steuern unsere Wahrnehmung und wir sehen die Dinge in einem guten Licht.

Der absolute Königsweg, sich die Sonne ins Herz zu zaubern, ist die **Dankbarkeit**. Suchen Sie Ihre Vergangenheit nach Menschen ab, denen Sie für irgendetwas, und sei es noch so klein, dankbar sein können. Das erwärmt die Seele und denken Sie daran, wie glücklich es Sie macht, wenn Ihnen jemand Dankbarkeit erweist.

*„Nicht das Glücklichsein führt zur Dankbarkeit, sondern das Dankbarsein zum Glücklichsein."* (Brother David Steindl-Rast)

## WARUM BIN ICH SO UNSELBSTSTÄNDIG?

Die Autonomieentwicklung eines Menschen kann auf unterschiedliche Weise in seiner Kindheit gestört werden.

Werden die kindlichen Wünsche nach Ausbreitung und Erforschung durch eine Atmosphäre der Ängstlichkeit in der Familie unterdrückt, entsteht eine ängstliche Grundhaltung mit starken Selbstzweifeln. Die Abhängigkeit von Mutter, Vater oder Bezugsperson wird in den Vordergrund gestellt, das Kind verlernt sein Autonomieverhalten.

Werden die kindlichen Autonomiewünsche mit Ambivalenz oder Ablehnung, zum Beispiel durch moralische Verurteilung oder körperliche Gewalt, beantwortet, resultiert daraus eine Selbstentwertung. Unterschwellig angestaute Aggressionen gegen sich selbst, sogar Selbsthass und Selbstverachtung können die Folge sein.

Der Wunsch nach Autonomie ist ein Wunsch nach Selbstständigkeit und ist eine Wechselbeziehung von Spannung und Erregung. Genau wie ein Kind in der Phase des „Selber-machen-Wollens" ein Glückserleben erfährt, tut es dem erwachsenen Menschen gut, wenn er selbstbestimmt handeln kann. Gefühle von Kompetenz, Selbstwirksamkeit und Mündigkeit sind wichtige Bestandteile jeder gelingenden sozialen Beziehung. Der Mensch ist ein lernendes Wesen, auch Mündigkeit lässt sich lernen.

Wem in seiner Kindheit oder Pubertät zu scharfe Grenzen gesetzt wurden, der hat sich möglicherweise an solche Einschränkungen gewöhnt und wird solche auch später tolerieren. Mangelnde Selbstbehauptung und Gefühle von „Ich lass mir alles gefallen" sind die logische Konsequenz aus dieser frühen Erfahrung. Wer in seiner Kindheit überbehütet wurde, wer Abenteuer nur vom Zuschauen kennt und nie selbst eines erleben durfte, weil die Eltern ihre Angst nicht bewältigten, wem immer geholfen wurde, sodass Fehler, zum Beispiel beim Basteln, vermieden wurden, wird immer auf der Suche danach sein, dass ihr/ihm jemand sagt, wie etwas zu tun sei. Unselbstständigkeit wird sich durch das ganze Leben ziehen.

**Fallbeispiel**
*Frau K., eine 60-jährige Frau, trifft nach vielen Jahren ihre Freundin aus der Schulzeit wieder. Die beiden waren durch eine innige Freundschaft verbunden, haben sich aber dann aus den Augen verloren. Die eine „eroberte die Welt", wie Frau K. mit Wehmut sagte, als sich die beiden bei einem Wiedersehen nach 40 Jahren ihre Lebenswege erzählten. Frau K. hatte eine überaus ängstliche Mutter, die „über mich einen Glassturz stellte und mich vom Leben fernhielt". Das ganze Leben, so sagte Frau K., hätte sie darunter gelitten, sich wenig zuzutrauen. Jetzt mit 60 sehe sie deutlich, wie viele Möglichkeiten sie in ihrem Leben nicht genützt habe. Sie traute sich nicht.*

**Resümee:**
Das Gute an diesem Lebensweg zu suchen, sich vor Augen zu halten, dass vieles gut war, so wie es war, und sich kleine Mutproben aufzuerlegen, die helfen, sich neu zu entdecken, kann über die schmerzlichen Versäumnisgefühle hinweghelfen.

## WARUM ESSE ICH UNENTWEGT, AUCH WENN ICH NICHT HUNGRIG BIN?

Wenn das Baby schreit und sofort zu essen bekommt, also die positive Zuwendung Essen ist, lernt das Kind, dass Essen ein Tröster ist und verlernt zu unterscheiden, was Hunger beziehungsweise

Kummer ist. Auch das ewige Motivieren zum Essen („Noch ein Löffel für Omi ...") usw. bewirkt eine falsche Engrammierung. Die ersten Lebensjahre sind eine sehr sensible Phase. Es werden nicht nur Bewältigungsmöglichkeiten gelernt, die uns helfen, mit seelischem Stress umzugehen, auch die Mechanismen der Verwertung des Essens werden abgespeichert. Der Körper lernt gewissermaßen, wie Nahrung verwertet werden kann.

Forschungen lassen den Schluss zu, dass, wer in seinen Kindertagen immer zu viel zu essen bekam oder sogar zum Essen gezwungen wurde, später zu Verdauungsproblemen neigt. Das limbische System verhindert, dass, wer isst, auch sein Vernunfthirn einsetzen kann. Essen schließt vernünftiges Denken aus, sagen die Hirnforscher, daher ist die Engrammierung so bedeutend.

Die Ernährungsgewohnheiten von Schwangeren beeinflussen nicht nur die Gesundheit ihrer noch ungeborenen Kinder, sondern auch deren „Vorlieben". So führt beispielsweise eine Mangelernährung dazu, dass das Kind später im Erwachsenenalter häufiger an bestimmten Stoffwechselkrankheiten oder Herz-Kreislauf-Erkrankungen erkranken kann. Die Ernährung der Mutter verändert die Genaktivitäten des Ungeborenen und kann die sogenannte „genetische Fitness" beeinflussen.

**Resümee:**

Das Essverhalten und die Essgewohnheiten umzustellen, ist aufgrund der frühen Engrammierung sicher eine der schwersten Verhaltensumstellungen, aber es ist eben ein Verhalten und kann daher geändert werden.

Die Gene allein sind es jedenfalls nicht, die Übergewicht verursachen. Eine genetische Veranlagung spielt zwar für die Entwicklung von Übergewicht eine Rolle, aber viel bedeutender sind seelische Faktoren wie Ernährungsgewohnheiten und die Einstellung zu körperlicher Aktivität.

**Fallbeispiel**

*Frau S., eine 30-jährige Bankmanagerin, ist um 30 Kilogramm zu schwer und leidet sehr unter ihrem Aussehen, noch dazu wo*

*die ganze Familie – sie hat noch zwei Brüder und eine Schwes-*
*ter – schlank ist und dies als großen Wert darstellt. Schlanksein*
*wird in dieser Familie mit Disziplin gleichgesetzt, die ganze Fa-*
*milie ist sehr leistungsorientiert und sportlich. Frau S. ist das*
*älteste Kind, sie war vier Jahre alt, als das erste Geschwister-*
*chen auf die Welt kam. Die anderen folgten dann im Abstand*
*von zwei Jahren. Sie erinnert sich an schmerzliche Erfahrungen*
*mit Sport in ihrer Kindheit. Die Geburt ihres Bruders führte bei*
*ihr zu großen Eifersuchtsgefühlen, die sie damit kompensierte,*
*„immer auch dann essen zu wollen, wenn der kleine Bruder zu*
*essen bekam", sodass sie schon als etwa 6-Jährige übergewichtig*
*war. Die Eltern verlangten dann von ihr, dass sie Sport betreibe;*
*sie musste Runden um das Haus laufen, ein Grundstück von*
*etwa 3000 km2, wobei jeweils ein Elternteil oder beide sie vom*
*Fenster aus beobachteten und sie beschimpften, wenn ihnen das*
*Tempo zu langsam war. Ihr wurden Süßigkeiten verboten, den*
*Geschwistern aber nicht, denn diese seien ja nicht „so hässlich"*
*wie sie. Das führte dazu, dass sie heimlich Schokolade aß, die*
*sie gewissermaßen gestohlen hatte, und das verstärkte das Ge-*
*fühl in ihr, „sie sei eben nichts wert, hässlich und dumm".*

*Sie erkannte im Erwachsenenleben, dass sie Sport betreiben*
*sollte, hatte aber dabei ein so ungutes Gefühl, dass sie nie Freu-*
*de dabei entwickeln konnte. Erst eine Psychotherapie konnte*
*die innere Einstellung zu Sport verändern und ihr die Freude*
*an der Bewegung wiedergeben.*

## WARUM BIN ICH SO MISSTRAUISCH?

Menschen, die immer wieder, mehr oder weniger bewusst, auf
der Lauer liegen, ob sie angelogen, hintergangen, beschwin-
delt, betrogen werden, sogar von jenen, die ihnen nahestehen,
wiederholen gleichartige Erfahrungen, die sie in ihrer Kindheit
gemacht haben. Fast automatisch erwarten sie, dass man sich
ihnen gegenüber so verhält, wie seinerzeit Mutter, Vater oder
Bezugsperson. Die Mutter nahm es mit der Wahrheit nicht so

genau; um ihren Frieden zu haben, log sie das Kind einfach an. Immer wurde man von ihr enttäuscht, denn alles Bitten, einen doch nicht anzulügen, und auch Vorwürfe („Du hast mich angelogen") veränderten nichts am Verhalten. Egal ob es um „Am Sonntag machen wir …"-Versprechungen ging oder um „Das bekommst du", nie stimmte das, was die Mutter sagte. Und wie in einer selbsterfüllenden Prophezeiung wiederholt sich das nun im Erwachsenenleben, was in der Kindheit begann. Man findet, was man sucht, und so entdeckt man bald ein Verhalten, das die alten Wunden aufreißt; man ist nicht bereit anzuerkennen, dass der fehlerlose Mensch „noch nicht erfunden" ist.

Auch manche Kränkungen aus der Zeit der Pubertät können wir im Erwachsenenalter nicht vergessen. Zum Beispiel wenn die Mutter, der Vater oder eine wichtige Bezugsperson verharmlosten, dass sie Telefongespräche abgehört oder die Post geöffnet haben, und behaupteten, sie wollten uns nur „schützen".

**Resümee:**
Akzeptieren Sie, dass sich Mutter, Vater oder Bezugsperson nicht ändern werden. Das heißt aber nicht, dass alle Menschen so sind.


## WARUM KANN ICH MICH NICHT DURCHSETZEN?

Ab dem beginnenden zweiten Lebensjahr versucht das Kind erstmals seinen Willen durchzusetzen. Es probiert das mit dem folgenschweren Wörtchen Nein aus. Was immer man von ihm verlangt, Nein ist die Antwort. Es beginnt ein neues Lebensspiel für das Kind. Bis jetzt lernte es, wie sich Geben und Nehmen oder das Herunterwerfen und Aufheben, also Handeln und Verhindern, in den Gefühlen ausdrücken. Jetzt beginnt der entwicklungspsychologisch wichtige nächste Schritt des Nein-Sagens. Das Kind kennt ja das Nein seiner Eltern bereits und wird nun versuchen, es so oft wie möglich einzusetzen. Auf diese Weise lernt es, immer mehr sein Selbst zu empfinden und auch zu genießen. Diese Freude darf ihm nicht genommen werden. Es braucht eine sensible Lenkung, um in seiner seelischen Reifung, zu der das Nein-Sagen gehört, unterstützt zu werden.

Wer in dieser Phase gebrochen wurde, dem wird man im Erwachsenenleben immer wieder mangelndes Durchsetzungsvermögen vorwerfen.

**Resümee:**
Menschen, die nicht Nein sagen können, haben Angst, abgelehnt bzw. nicht gemocht zu werden. Um Nein sagen zu lernen, hilft es, zunächst Prioritäten zu setzen und zu akzeptieren, dass Nein-Sagen schwerfällt und nur unter großer Anstrengung möglich ist.

## WARUM BIN ICH IMMER AN ALLEM SCHULD?

War es schon in Ihrer Kindheit so? Immer waren Sie an allem schuld? Sagte man Ihnen immer wieder, dass Sie zu nichts taugen, denn selbst an Ihrem Geburtstag regnet es, obwohl man ein Gartenfest für Sie veranstalten wollte. Sie mussten sich als Kind an gemeinsamen Arbeiten beteiligen, zum Beispiel einkaufen gehen. Fehlte etwas, wurden Sie beschimpft, obwohl auch jemand anderes vergessen haben könnte, das Fehlende auf die Einkaufsliste zu schreiben. Sie konnten sich nicht wehren, denn das verschlimmerte Ihre Situation nur noch weiter. So haben Sie gelernt, dass es besser ist, „an allem schuld zu sein", als Zurückweisung oder gar Gewalt zu erfahren.

**Fallbeispiel**
*Frau G., eine 35 jährige Sekretärin, fühlt sich schuldig, weil ein Computer nicht funktioniert, obwohl an diesem Gerät außer ihr noch zwei weitere Personen arbeiten. Trotzdem glaubte sie, dass die Wahrscheinlichkeit, dass sie den Computer kaputt gemacht hat, groß ist. Sie kommt gar nicht auf den Gedanken, dass es auch jemand anderer gewesen sein könnte oder gar nie-*

*mand schuld ist und das Gerät aus unerfindlichen Gründen de-*
*fekt ist, was ja bei Computern vorkommen soll. Im Gegenteil,*
*sie befindet, dass sie nun für sich selbst den endgültigen Beweis*
*ihrer Wertlosigkeit und Dummheit hat, wie es ihr ja von Kind-*
*heit an gesagt wurde, und sie erlebt diese tiefe Ausweglosigkeit,*
*die sie seit Kindertagen kennt.*

Solche Menschen machen sich das Leben sehr schwer, denn sie
lenken ihre Wahrnehmung unbewusst auf Fehler, die sie verursacht haben könnten.

**Resümee:**
Beginnen Sie damit, nach Beweisen dafür zu suchen, dass Sie
nicht für den Fehler verantwortlich sind. So lernen Sie, Ihre
Wahrnehmung neu zu lenken und zu erkennen, dass Sie nicht
für jeden Fehler die Verantwortung übernehmen müssen.

## WARUM KANN ICH KEINE BEZIEHUNG AUFRECHTERHALTEN?

Wem alles erlaubt wurde, wer nie Grenzen gesetzt bekam, und
wenn doch, dann ohne Konsequenzen, wenn diese überschritten wurden, wer durch unleidliches Verhalten einen Rückzieher
erreichen konnte (was für Mutter, Vater oder Bezugsperson be-
quemer war), wird es schwer haben, mit einem anderen Menschen Kompromisse zu schließen, wird für eine längere Beziehung keine Ressourcen in sich finden.

**Resümee:**
Jede menschliche Beziehung ist auf gegenseitiges Wohlwollen
angewiesen. Beginnen Sie damit, darauf zu achten, dass es dem
anderen Menschen durch Ihr Zutun, durch Ihr Verhalten gut
geht.
    Vertrauen ist ein Hauptbaustein einer guten Beziehung. Be-
stätigen Sie sich von Zeit zu Zeit gegenseitig immer wieder, wie

wertvoll Ihre Beziehung ist, weil dieses unbedingte Vertrauen vorhanden ist.

Halten Sie sich vor Augen, dass eine gute Beziehung aus edlen Bausteinen, wie zum Beispiel Verständnis, Vertrauen, Helfen, Unterstützung, Respekt, Zuneigung, Mitgefühl, Freude, Lachen, besteht.

So wird es Ihnen immer besser gelingen, das falsche Verhalten, das Sie aus Ihrer Kindheit mitgenommen haben, langsam abzubauen und langfristige Beziehungen aufzubauen.

## WARUM KANN ICH NICHT ALLEINE SEIN UND WARUM FÜHLE ICH MICH SO UNTÜCHTIG?

„Ich brauche immer jemanden, der mir sagt, was ich tun soll; alleine schaff ich gar nichts."

Erinnern Sie sich an die Zeit kurz vor Ihrem ersten Schultag? Kinder haben in dieser Zeit einen besonders starken Tatendrang in jeglicher Richtung. Sie wollen ihre körperlichen Grenzen kennenlernen und probieren aus, was sie schaffen können: „Wie hoch kann ich springen?" „Wie weit kann ich den Ball werfen?" „Ich kann sogar rückwärts laufen!" usw.

Kinder im Vorschulalter wollen ihren Körper und die sie umgebende Welt erfahren und meistern lernen. Wenn man Drei- bis Sechsjährige bittet, etwas von sich zu erzählen, dann beschreiben sie, was sie tun. Erst ab etwa dem siebenten Lebensjahr erklären Kinder das, was sie können, als Ergebnis ihrer Fähigkeiten und ihrer Anstrengungen. In dieser Zeit dominieren zwei menschliche Grundbedürfnisse: das Bedürfnis nach Autonomie und das Bedürfnis nach Kompetenz, also das Gefühl, etwas zu können.

Wenn Sie in dieser Entwicklungsphase Ihrer Kindheit nicht gut in Ihrem Tatendrang unterstützt wurden, haben sich diese Erfahrungen, dass Sie etwas auch alleine gut können, nicht in Ihr Gehirn engrammiert, und es schwächte sich Ihr Tüchtigkeitsselbst und Fähigkeitsselbst.

**Resümee:**
Es ist die Art, wie wir über unsere Fähigkeiten denken, die unsere Stärken und Schwächen ausmachen. Gedanken, die Zuversicht aufbauen, stärken unser Selbstbewusstsein und entscheiden darüber, ob wir uns in herausfordernden Situationen schwach oder stark fühlen. Uns kleinmachende Gedanken führen zu negativen Gefühlen und beleben alte, falsche Glaubenssätze, die uns nicht auf unsere Stärken zurückgreifen lassen.

Suchen Sie das Positive in der eigenen Vergangenheit. Wer andauernd nachdenkt, was in der Vergangenheit nicht optimal verlief, Schuldgefühle erzeugt, sich vielleicht sogar beschimpft, weil sie/er etwas falsch gemacht hat, anstatt seine Gedanken zu jenen Begebenheiten hinzulenken, die ihre/seine Stärken aufzeigen, schwächt sich. Lenken Sie Ihre Aufmerksamkeit auf gelungene Ereignisse. Halten sie sich jedes auch noch so kleine Detail vor Augen, das Ihre Stärken sichtbar macht. So gelingt es, die Autobahnen im Kopf, die zu Ihren Stärken führen, zu festigen.

## WARUM BIN ICH SO RUHE- UND RASTLOS?

Ein Kind, das immer mitanhören musste, wie Mutter, Vater oder Bezugsperson Freunden erzählte, wie toll es ist, weil es selbstverständlich immer alles gewinnt, immer die/der Erste, Beste ist, wem Perfektionismus von seinen Kindheitstagen an als größter Wert aufgezeigt wurde, wird im Leben immer wieder das Gefühl haben, nicht zu genügen. Ein solcher Mensch wird sich ein Leben lang selbst antreiben, wird zum Perfektionismus neigen, der ihn krank machen kann, wird ein schlechter Verlierer im Spiel sein und daher wenig Freunde haben, wird ein Getriebener sein und wenig Freude empfinden können. Die Verbissenheit wird wie eine düstere Wolke über ihm schweben – bis zum Augenblick des körperlichen Burnouts.

**Resümee:**
Burnout ist eine Stressfolgekrankheit mit einem wesentlichen

Merkmal, nämlich dass bei Burnout der Stress das Ergebnis sozialer Interaktion ist.

Burnout trifft Menschen mit einem hohen Grad an Pflichtbewusstsein und hoher Leistungsbereitschaft, die schon in ihrer Erziehung auf Leistung getrimmt wurden. Diese Menschen finden keine Erholung, weil der Einsatz laufend verstärkt wird, um den sich selbst gesetzten hohen Anforderungen zu genügen.

Verändern Sie Ihre Lebensumstände: Schluss mit Überfürsorglichkeit und Überengagement! Kürzertreten ist in. Man mag Menschen, die ihre eigenen Grenzen kennen. Ordnen Sie Ihre Werte neu, so kann zum Beispiel Gesundheit, auch seelische Gesundheit, an erster Stelle kommen. Achten Sie darauf, dass Lachen und Humor Ihre täglichen Begleiter werden. Beginnen Sie damit, anderen Anerkennung und Wertschätzung zu schenken. Damit erhöhen Sie die Chance, dass auch Ihnen Anerkennung und Wertschätzung geschenkt wird, ohne dass Sie den Leistungsdruck laufend verstärken. Leben Sie nach der Devise von Theodor Fontane: *„Sei heiter und vergnügt und nimm teil an der Freude der anderen. Dabei fällt dann immer auch etwas eigene Freude ab.“*

Bedenken Sie: *„Das Glück unseres Lebens setzt sich aus winzigen Kleinigkeiten zusammen – den kleinen, bald vergessenen Wohltaten eines Kusses oder Lächelns, eines freundlichen Blicks, eines von Herzen kommenden Kompliments – zahllosen, unendlich kleinen Dosen angenehmer und belebender Freuden“*, wie der englische Dichter Samuel Taylor Coleridge es formulierte.

## WARUM HABE ICH SO GROSSE ANGST VOR KRANKHEITEN?

Wer wegen jeder Kleinigkeit, schon beim leisesten Anzeichen von Unwohlsein zum Arzt gezerrt wurde, auch sofort Medikamente schlucken musste, wem nie zugetraut wurde zu spüren, was einen gesund macht, wem nie gezeigt wurde, dass der

Körper ein Selbstheilprogramm hat, wird diese Angst vor dem Kranksein ins Leben mitgenommen haben.

**Fallbeispiel**

*Frau B. ist eine 38-jährige Frau, die zur Psychoonkologin kommt, weil sie Brustkrebs hat. Ihre Krankheit ist in einem sehr frühen und heilbaren Stadium, Frau B. hat jedoch unbeschreibliche Angst und glaubt nicht, dass sie wieder gesund werden kann, obwohl ihr alle Ärzte bestätigen, dass sie den Tumor frühzeitig entdeckt haben und obendrein diese Art Tumor gut auf die Therapie ansprechen wird.*

*Seit dem Tod ihrer Mutter vor sieben Monaten lebt sie alleine in der vorher gemeinsamen Wohnung.*

*Ihrem Arzt sagte sie auf die Frage, warum sie so viel Angst habe und trotzdem nie zu einer Vorsorgeuntersuchung gekommen sei, dass das nicht notwendig war, weil ihre Mutter alles für sie arrangierte und es nicht für notwendig erachtete. Die Mutter meinte, wer gesund lebt, wird nicht krank, und wer Krebs hat, muss sowieso elendiglich zugrunde gehen, da kann kein Arzt helfen.*

*Frau B. ist ledig und hatte immer bei den Eltern gelebt. Seit dem Tod ihres Vaters vor zehn Jahren wurde die Beziehung zwischen ihr und ihrer Mutter noch enger, sie war von ihrer Mutter vollkommen abhängig. Die Mutter war nie berufstätig, sie kümmerte sich um den Haushalt und die Erziehung der Tochter. Der Vater war Anwalt und kaum zu Hause.*

*Frau B. ist schüchtern. In sozialen Beziehungen hatte sie immer Angst davor, schroff zurückgewiesen zu werden. In ihrer Kindheit wurde sie oft ausgelacht oder beschämt, weil sie so ein „Mama-Kind" war. Aus diesem Grunde überließ sie es auch als Erwachsene ihrer Mutter, die Dinge für sie zu erledigen. Da die Mutter gerne gehabt hätte, dass sie eine Familie gründet, überließ sie auch die Suche nach einem Mann der Mutter, ohne Erfolg.*

*Ihre Mutter führte den gemeinsamen Haushalt, sie wählte die Kleidung für die Tochter, plante die Urlaube und kümmerte sich auch sonst um alles. Frau B. traf keine Verabredungen und war fast immer zu schüchtern, um alleine auf Partys oder zu einem Rendezvous zu gehen, selbst wenn diese Treffen von der Mutter für sie arrangiert wurden. Nie hatte Frau B. irgendeine Art von Romanze. Einen guten Freund, den sie seit der Volksschule kennt und den sie ganz gerne mag, trifft sie hie und da. Sie geht mit ihm in Buchläden oder ins Kino. Außer diesem einen Schulfreund beschränkten sich Frau B.s Sozialkontakte ausschließlich auf die Freunde der Mutter, die regelmäßig zum Kartenspielen kamen.*

*Auch ihren Job als Buchhalterin in der Gemeinde verdankt sie den Eltern. Der Bürgermeister war ein Freund des Vaters und verhalf ihr zu diesem Job. Er war einer jener, der regelmäßig zu den Kartenspielabenden der Mutter kam. Frau B. machte diese Arbeit in der Gemeinde nicht gerne und spürte, dass sie nur behalten wurde, weil eben ihre Mutter dahinterstand.*

*Als sie erfuhr, dass sie Krebs hat, fühlte sie sich vollkommen hilflos, denn obwohl ihre Mutter die größte Angst vor Krebs hatte und diese Sicht auch auf ihre Tochter übertrug, lehnte sie jede Vorsorgeuntersuchung ab. Frau B. hatte nun mit dieser unbegründeten Angst zu kämpfen und sie hatte in ihrer Kindheit keine Bewältigungsmechanismen lernen können.*

**Resümee:**

Es ist unbestritten, dass ein Zusammenhang zwischen den frühen Erfahrungen und der Lebensgeschichte besteht; es wird sogar vermutet, dass die Anfälligkeit für Krankheiten auf diese frühen Einflüsse zurückgeführt werden können.

Welche Faktoren dazu beitragen, dass einige Personen verletzende Kindheitserfahrungen offenbar ohne größere Schwierigkeiten bewältigen können, während andere ein Leben lang darunter leiden und sogar Störungen entwickeln, ist Inhalt der Resilienzforschung.

# WIE KÖNNTEN SIE WERDEN WOLLEN?

Sie könnten sich zum Beispiel zum Ziel setzen, dass Sie Warmherzigkeit, Beziehungsfähigkeit, Großzügigkeit, Gelassenheit, Empathie, Reife, Ausgeglichenheit, Optimismus oder Kreativität in Ihre Verhaltensweisen einbauen wollen. Als Test, ob es Ihnen gelungen ist, können Sie jeweils nach einem konkreten Beispiel suchen, wo Sie das fertiggebracht haben. Man kann nur geben, was man hat. Wer mit diesen reifen Verhaltensweisen auf andere Menschen zugeht, spürt diese auch in sich selbst und hat demnach gute Gefühle. So kann es gelingen, jene Wunden zu heilen, die in die kindliche Seele geschlagen wurden.

**Fallbeispiel**
*Frau Dr. K., eine 52-jährige Ärztin, nimmt mit zwölf Kolleginnen und Kollegen an einer Supervision teil, weil es im Team zu Konflikten die Arbeitsteilung betreffend gekommen ist. Es wird herausgearbeitet, dass es die Seele gesund erhält, wenn man den anderen Menschen nicht als Feind oder unguten Kollegen sieht, sondern zum Beispiel als einen Menschen, der gute und weniger gute Tage hat. An den weniger guten Tagen braucht ein anderer Mensch Unterstützung und ist, im eigenen Interesse, eher nachsichtig zu behandeln, denn jeder ungelöste Konflikt belastet immer alle Beteiligten.*

*Frau Dr. K., die den Konflikt verursacht hat, bleibt bei ihrer Einstellung: „Wie komme denn ich dazu, dass ich immer nachgeben soll und die anderen nicht? Immer soll ich ..." Diese Haltung zeigt ein unreifes, kindliches Verhalten. Einstellungen wie „Immer nachgeben müssen" und „Der andere muss etwas tun, damit es mir gut geht" weisen darauf hin, dass ein Kind-Ich das Verhalten steuert. Denn mit dieser Haltung, der andere Mensch muss großzügig, warmherzig, gelassen usw. sein, macht man sich abhängig, wie ein Kind eben.*

Jedes Verhalten ist in hohem Maße entwicklungsabhängig. Alle kindlichen Verhaltensäußerungen im Erwachsenenleben, zum

Beispiel sich vor Kritik zu fürchten, alles auf sich zu beziehen, alles gleich haben zu wollen usw., holen die schmerzlichen Erfahrungen der Kindheit wieder her.

Menschen sind von sehr vielen Entwicklungseinflüssen ein Leben lang beeinflusst, aber nicht darin gefangen. Die Eltern sollen gute Wächter unserer Insel sein und gleichzeitig uns auch aufzeigen, dass wir auf ihre Insel aufpassen müssen. So lernen wir, Rücksicht zu nehmen, wir entwickeln ein Gefühl für soziale Kompetenz.

Jeder Mensch kann sich vornehmen, seine Insel zu einem gastfreundlichen Ort zu machen. Wem als Kind gezeigt wurde, dass mitspielen lassen das Leben bereichert, der wird später kaum Probleme haben, Freunde zu finden und zu diesen auch Nähe aufzubauen. Nähe, das bedeutet, dass man es gerne hat, wenn jemand auf die eigene Insel kommt und man selbst auch eingeladen wird, weil man auf die Blumen und Pflanzen im anderen Garten aufpassen kann. Wer einem anderen Menschen dauernd Vorschriften machen will, sozusagen in dessen Garten „wildert", wird wenig Sympathie ernten.

## Fallbeispiel

*In einer Arztpraxis arbeiten fünf Personen. Es kommt zu immer stärkeren Spannungen, es geht sogar so weit, dass sich eine Dame von einer Kollegin gemobbt fühlt. Sie fühlt sich dadurch so geschwächt, dass sie mehrere Wochen in den Krankenstand gehen muss. Da eine Besserung des Miteinanders nicht möglich ist, wird eine arbeitspsychologische Supervision angeboten. Bei der Aufarbeitung der Gespräche zeigt sich, dass eine Kollegin jede Handlung der anderen (zwar an Lebensjahren älteren, aber in Bezug auf die Zugehörigkeit zur Praxis jüngeren) Kollegin kritisiert und unerwünschte Ratschläge gibt, wie etwas gemacht werden müsse. Dies empfindet die betroffene Kollegin als kränkend, weil die Aufgaben gut abgegrenzt verteilt sind und sie daher den „Rat" der Kollegin nicht braucht.*

*Die Insel-Metapher macht für alle Beteiligten sichtbar, dass jeder seine spezielle Art der „Inselbepflanzung" hat und daher*

*mit jedem Menschen dementsprechend umgegangen werden soll.*
*Wer einem anderen vorschreiben will, wie sie/er etwas machen*
*muss, soll zuerst darauf achten, dass nichts niedergetrampelt*
*wird. Dieses Bild kann von allen angenommen werden. Spezi-*
*elle Übungen des Grenzen-Erkennens und Grenzen-Einhaltens*
*einerseits und anderseits der Hinweis, auf sich selbst aufzupas-*
*sen und sozusagen die Wege auf der eigenen Insel aufzuzeigen,*
*damit „die Besucher" nichts zerstören, führten in der Supervisi-*
*on schließlich zu einem allgemeinen „Jetzt verstehe ich dich ...".*

Mit dieser Insel-Metapher, die hilft, sich selbst besser zu verstehen, kann man sich auch vorstellen, dass man, je älter man
wird, umso mehr Lieblingspflanzen usw. auf seiner Insel hat. In
einem gut gelingenden Leben ist jede Insel gut geschützt einge-
zäunt und hat fest verschließbare Tore. Das bedeutet, dass man
gut wählen kann, wen man auf seine Insel einlädt und wen lieber nicht, also wen ich an mich heranlasse und wer ausgesperrt
bleibt.

Die Insel-Metapher kann dabei helfen, sich im Leben neu zu
orientieren. Es ist nie zu spät, sich selbst besser zu verstehen,
und frei nach Karl Jaspers zu sagen: „Der Mensch ist immer in
einer Grenzsituation, in der er über sich hinauswachsen kann",
nach der Devise „Erfinde dich neu."

## HEILSÄTZE, DIE WUNDEN
## IN DER SEELE MILDERN KÖNNEN

Erinnern Sie sich an das Mantra von Präsident Barack Obama
vor seiner Wahl? Sein „Change" und „Yes, we can" (frei über-
setzt etwa „Wir schaffen das"), mit dem er zwei neue Glaubenssätze, besser gesagt Heilsätze in die Köpfe der Menschen setzte
und gewann?

Ein falscher Glaubenssatz ist gewissermaßen eine Wunde in
der Seele, die einem in der Kindheit zugefügt wurde. Sie tut
immer weh, ist wie ein schmerzender Zahn, man muss mit der

Zunge immer wieder darüberfahren. Erst wenn der Zahn geheilt wurde, hört der Schmerz auf. Ebenso kann man sich die falschen Glaubenssätze vorstellen: Es sind Wunden in der Seele, man muss gedanklich immer wieder hingehen, meistens unbewusst, sie wirken wie selbsterfüllende Prophezeiungen, zum Beispiel „Du bist zu dumm für alles", „Du bringst nur Unglück" usw.

Ein Heilsatz mildert diese Wunden. Anstatt des schmerzlichen, einen kleinmachenden, einen als Versager darstellenden Gedankens kommt nun der Heilgedanke, der einen aufrichtet, einem Zuversicht gibt; es ist ein Gedanke, der – ebenso in einer Endlosschleife – alte Verletzungen kuriert, zum Beispiel „Ich bin ein liebenswerter Mensch."

Falsche Glaubenssätze drücken Überzeugungen und Werte aus, die von Mutter, Vater oder Bezugsperson stammen und abgespeichert wurden, als wir noch kein eigenes Wertesystem aufgebaut hatten. Diese übernommenen Werte sind die inneren Kriterien, die unserem Verhalten zugrunde liegen. Sie sind auch Interpretationen aus früheren Erfahrungen und steuern unsere Wahrnehmung. Wem immer gesagt wurde: „Essen darf nicht weggeworfen werden", wird einen inneren Zwang zum „Ich muss aufessen" spüren. Obwohl das Wegstellen des Essens, wenn man satt ist, als vernünftig erkannt wird, verhindern diese inneren Empfindungen ein vernünftiges Verhalten. Man spürt die Angst der Kindheit tief innen in einem und traut sich, genau wie in Kindertagen, nicht, das Essen wegzugeben. Es ist, als würde einen Mutter, Vater oder Bezugsperson noch immer beobachten.

Das Überzeugungssystem, also das, was wir über uns selbst glauben, wurde in den frühesten Kindertagen geprägt. Wem immer gesagt wurde, dass sie/er nichts wert ist, der wird es im Erwachsenenleben schwer haben, sich wertvoll zu fühlen. Die Folge ist, dass Menschen sich von einem abwenden und jetzt erfährt man gewissermaßen eine Bestätigung: „Ich bin nichts wert" – ein Teufelskreis hat begonnen.

Das Bedeutungsspektrum von „Glaube" umfasst beinahe alle Entscheidungen, die Menschen betreffen. Unsere Leichtgläubigkeit und Vertrauensseligkeit in Kindertagen und falsche Erziehungsprinzipien haben dazu geführt, dass wir negative und abwertende Dinge uns betreffend glauben mussten. Das hat schon damit begonnen, dass viele Generationen auf Leistung getrimmt wurden und Liebe an Leistung gekoppelt war. Viele Verletzungen aus diesem falschen Erziehungsprinzip führen heute dazu, dass Menschen sich wertlos vorkommen, wenn sie krank werden, dass sie sich nur als liebenswert erachten, wenn sie unter großem Leistungsdruck stehen.

Wenn es gelingt, eine neue Überzeugung aufzubauen, können die falschen Engramme aus der Kindheit umgeschrieben werden. Das Sprichwort „Was Hänschen nicht lernt, lernt Hans nimmermehr" ist vollkommen falsch. Im Gegenteil: Was als erwachsener Mensch gelernt wird, stärkt das Selbstbewusstsein, aktiviert das Belohnungszentrum im Gehirn und führt zu Glücksgefühlen.

## ERLEBNISSE IN DER KINDHEIT UND DIE AUSWIRKUNGEN IM ERWACHSENENLEBEN

Wenn zentrale emotionale Bedürfnisse in der Kindheit nicht erfüllt wurden, bleiben Verletzungen in der Seele zurück, die zu Dysfunktionen im Erwachsenenleben führen, wie kein Vertrauen zu anderen aufbauen zu können oder jede Art von Schuld zurückzuweisen.

Die Erinnerung, dass einem in der Kindheit Unrecht geschah, kann nur umgedeutet werden; Bedürfnisse, die damals nicht befriedigt wurden, bleiben ein Leben lang unerfüllt. Wer so geliebt werden will wie ein fünfjähriges Kind, wenn sie/er vierzig ist, wird den anderen überfordern und die Zurückweisungen, die sie/er aus der Kindheit kennt, erneut erfahren.

Emotionen und Körperempfindungen, also die somatischen Marker, wie zum Beispiel Herzklopfen, „den Kopf einziehen" usw., bleiben bestehen, solange man nicht die Muster aus der Kindheit durchbricht.

Jeder Mensch, so zeigen die Ergebnisse der modernen Hirnforschung, kann mit den Erfahrungen und den darauf aufgebauten „Autobahnen im Kopf" neu umgehen und sich neue Autobahnen bauen. Es ist anstrengend, aber möglich.

## SO ZEIGT SICH KINDLICHES VERHALTEN IM ERWACHSENENLEBEN

Wie reagieren Sie, wenn Sie sich unsicher fühlen? Gibt es Situationen im derzeitigen Leben, in denen Sie so verunsichert sind, dass Sie sich wie ein Kind benehmen, sich ganz klein machen und sich vieles gefallen lassen, wogegen Sie sich eigentlich wehren sollten? Wie alt ist dieses Kind, mit dem Sie sich in schwierigen Situationen identifizieren? Beschreiben Sie dieses Kind, erkennen Sie sich in diesem Kind? Gibt es irgendetwas, was Sie unbedingt vermeiden wollen, wenn Sie sich an diese Zeit erinnern?

Kindliches Verhalten zeigt sich, wenn Erwachsene weinen wie ein Kind, mit hoher Kindstimme sprechen, Sätze unvollständig lassen, wenn sie verlegen sind, dazu gehören alle Verlegenheitsgesten: Achselzucken, anstatt sich auf Kritik einzulassen, mit den Augen rollen oder verschämt auf den Boden blicken, schmollen, betteln, Wutanfälle, Grimassen schneiden u.v.m.

Auch wenn wir spüren, dass wir gerne wie ein Kind gelobt werden wollen, dass wir uns Anerkennung und Liebe von Menschen wünschen, die sie uns nicht geben, und wenn wir uns fürchten, etwas zu tun, was eigentlich kein Problem sein sollte, dann zeigen sich die wunden Stellen in der Seele, die uns in der Kindheit zugefügt wurden.

Wer in existenziellen Belastungssituationen die Überzeugung gewinnt, die Kontrolle über die Situation zu verlieren und selbst nichts mehr tun zu können, um den Stress abzuwenden, verliert dann tatsächlich die Motivation, sich aus den belastenden Situationen zu befreien. Das bedeutet, sich hilflos wie ein Kind zu fühlen. Die Folgen sind der Verlust von Selbstwirksamkeitsüberzeugung und das Abgeben der Selbstverantwortung; diese wird an „stärkere Helfer" übertragen, man ist wieder das hilflose Kind von damals.

Es sind wichtige Bedürfnisse, die, wenn sie in der Kindheit nicht genügend gestillt wurden, Erwachsene immer wieder in ein Kindverhalten zurückführen. Diese Defizite führen häufig zu hohen und unrealistischen, eben kindlichen Erwartungen, an andere Menschen, die wir für die Erfüllung dieser Bedürfnisse in der Gegenwart verantwortlich machen wollen.

## UNSICHERHEIT UND SELBSTZWEIFEL

Unsicherheit und Selbstzweifel werden möglicherweise hinter positiver Selbstdarstellung verborgen. Menschen, die ihr Selbstwertsystem aufgrund fehlender Unterstützung in der Kindheit nicht aufbauen konnten, neigen im Erwachsenenalter dazu, sogenannte „Selbstdarsteller" zu sein.

Sie fallen durch Handlungen auf, die ihr Erscheinungsbild positiv verändern sollen. Sie wirken dabei unglaubwürdig, weil ein Zur-Schau-Stellen der eigenen Wichtigkeit und Selbstpropaganda nicht von jedem toleriert werden. Typische Mittel dieser Selbstdarstellung sind Statussymbole.

Während sich Menschen mit hoher Selbstwerteinschätzung selbstwertsicher verhalten, reagieren selbstunsichere Menschen in Problemsituationen mit Aggressivität, Unfreundlichkeit, mit Übertreibung oder Untertreibung.

**Fallbeispiel Übertreibung**
*Eine Frau entdeckt einen Kratzer am linken Kotflügel ihres Autos. Sie ist vollkommen außer sich und glaubt, sie habe nun das Auto völlig ruiniert. In ihr kommen Gefühle hoch, wie sie sie aus ihrer Kindheit kennt: Angst, Verzweiflung, Hilflosigkeit. Sie fühlt sich in jeder Beziehung unfähig.*

**Fallbeispiel Untertreibung**
*Ein Mann hält sich immer für wertlos, obwohl er inzwischen*

*auf ansehnliche Leistungen in seinem Leben zurückblicken*
*kann. Er vergleicht sich in seinen Gedanken jeweils mit ande-*
*ren Menschen, die aus seinem Werteempfinden heraus besser*
*sind als er.*

## ERZIEHUNGSSTILE UND EINFLUSS
## AUF DAS SELBSTWERTSYSTEM

Wer das Glück hatte, dass sie/er liebevoll erzogen und emotional unterstützt wurde, wenn sie/er mit den Gefühlen in den
verschiedenen Erfahrungen einer Kinderwelt nicht klarkam,
wem klar definierte Regeln bezüglich eines angemessenen Verhaltens aufgezeigt wurden, auf die sie/er sich verlassen konnte,
wem schon früh zugetraut wurde, dass sie/er Aufgaben positiv
bewältigen kann, hat sich ein stabiles Selbstwertsystem aufbau-
en können.

**Fallbeispiel: positives Selbstwertsystem**
*Herr R. ist Biologieprofessor an einer Universität. Seine Vor-*
*lesungen sind beliebt, man geht gerne zu ihm, er könne so gut*
*erklären und habe ein so angenehmes Wesen, sagen die Studie-*
*renden. Einmal erzählt er in einer Vorlesung eine Anekdote aus*
*seiner Kindheit.*
*Sein Vater war ebenfalls Biologieprofessor, sein Spezialgebiet*
*waren Käfer, er forschte sogar auf diesem Gebiet und konnte*
*auf seinen weltweiten Expeditionen einige Käferarten entdecken*
*und beschreiben, die noch keiner kannte. Er verfasste darüber*
*auch Lehrbücher. Eines Tages ging Herr R., er war damals etwa*
*sieben Jahre alt, zu seinem Vater und zeigte ihm einen Käfer,*
*den er im Garten gefunden hatte. Er fragte den Vater, was denn*
*das für ein Käfer sei. Der Vater schaute den Käfer an, überlegte*
*eine Weile und sagte dann: „Das ist ein interessanter Käfer, bit-*
*te geh doch in die Bibliothek und schau, ob du ihn dort findest."*
*Der Sohn ging also mit dem Käfer in die Bibliothek und nach*
*langem, anstrengenden Suchen, so erzählt er seinen Studieren-*

*den, fand er tatsächlich die Beschreibung des Käfers, es war ein Maikäfer. Voll Freude stürmte er zu seinem Vater und zeigte ihm, was er gefunden hatte. Der Vater nickte und bat den Sohn, er möge ihm berichten, wie er das geschafft habe.*

*Noch heute, so sagt Herr R., beglücke ihn diese Erinnerung, er sei damals so stolz auf sich gewesen und habe sich von seinem Vater – aus heutiger Sicht – sehr wertgeschätzt gefühlt.*

Wer aber autoritär mit einem strafenden Erziehungsstil erzogen wurde, wo Drohungen, scharfe Kritik, einseitig auferlegte Regeln an der Tagesordnung waren und wo häufig und wenig liebevoll auf Probleme eingegangen wurde, wird in seinem Selbstwertsystem verunsichert sein.

Auch der sogenannte „Laissez-faire"-Erziehungsstil, wo Mutter, Vater oder Bezugsperson Regeln inkonsistent durchsetzten, wo Kinder keine Struktur erkennen konnten, wo es an der Vermittlung einer angemessenen Art und Weise der Selbstregulierung fehlte, konnte möglicherweise nur ein schwaches Selbstwertsystem aufgebaut werden, das auch schnell erschütterbar ist.

Fragt man Erwachsene, wie sie die Interaktion mit den eigenen Eltern einschätzen, zeigt sich, dass, je negativer diese eingeschätzt wird, desto geringer das Selbstwertgefühl ist.

**Fallbeispiel: negatives Selbstwertsystem**
*Frau R. ist eine 40-jährige Bürokraft, nicht verheiratet, kinderlos. Sie ist eine sehr ängstliche Frau; Angst ist ihr ständiger Begleiter. Sie traut sich nicht, in einem Supermarkt zu fragen, wo etwas zu finden sei, ja nicht einmal nach der Straße wagt sie zu fragen. Sie leidet sehr darunter, dass sie sich, wie sie sagt, nie traut, ihre Meinung zu etwas zu sagen. Jedes Mal, wenn sie ansetzt, sich in ein Gespräch einbringen zu wollen, beginnt ihr Herz zu rasen. Immer schneller und manchmal sogar schmerzhaft. Sie weiß nicht, warum. Um den Schmerz zu vermeiden, sagt sie nichts. Ihre Schweigsamkeit wird von andern Menschen und auch von den Kolleg/innen an ihrem Arbeitsplatz als Desinteresse und Unfreundlichkeit aufgefasst. Sie wird daher nie zu*

*den Festen eingeladen, die die Kolleg/inn/en von Zeit zu Zeit veranstalten. Sie leidet unter ihrer Einsamkeit sehr.*

*Eines Tages hört sie in einer Radiosendung, dass ein solches ängstliches Verhalten mit nicht befriedigten Bedürfnissen in der Kindheit zu tun haben kann. Langsam tauchen die Erinnerungen an ihre traurige Kindheit auf. Sie ist die Tochter einer alleinerziehenden Mutter, einer Lehrerin, die sehr streng war. Wenn sie der Mutter etwas sagen wollte, besserte diese sie sofort und mit großer Ungeduld aus, sie verspottete sie sogar, weil sie sich angeblich so umständlich ausdrückte. Das tat die Mutter auch öffentlich, Frau R. schämte sich dafür sehr, sodass sie immer weniger sagte und immer ungeschickter wurde, wenn sie etwas erzählen wollte. Das führte auch in der Schule dazu, dass sie stammelte, wenn sie öffentlich von den Lehrkräften etwas gefragt wurde.*

*Sie hat diesen Schmerz, diese Angst zu versagen, Jahrzehnte lang in ihrer Seele getragen. Eingekapselt, damit das Leid nicht mehr weh tat, indem sie selten etwas sagte. Mit folgenschweren Auswirkungen für ihre sozialen Beziehungen und einem Leben in Zurückgezogenheit, Einsamkeit und Angst. Erst mit einer Gesprächspsychotherapie konnte sie ihre Situation ändern und lernen, an ihre Talente und Fähigkeiten zu glauben und darüber auch zu sprechen und ein stabiles Selbstwertsystem aufzubauen.*

## BEDÜRFNIS NACH LIEBE

Menschen brauchen Liebe und am stärksten ist das Bedürfnis nach Liebe in den ersten sieben Lebensjahren. Liebe, die unter allen Umständen geschenkt werden muss, unabhängig vom Verhalten. Ein Kind muss spüren, dass es um seiner selbst willen geliebt wird, aber nicht deswegen, weil es etwas gut bewerkstelligt hat, weil es gehorsam war oder andere Verdienste erworben hat. Wer ständig mit Liebesentzug bedroht wurde, nimmt diese Angst ins Leben mit. Der kindliche Wunsch nach bedingungsloser Liebe bleibt ein Leben lang in unterschiedlicher Stärke erhalten.

Die Folge ist eine starke Abhängigkeit, die auch dazu führt, dass wir sehr häufig das tun, was andere Menschen als Preis für ihre Zuneigung und Liebe verlangen. Wir handeln wie ferngesteuert, so als würde eine geheime Kraft uns immer in die falsche Richtung führen. Diese Verhaltensmuster aus der Kindheit, die damals notwendig waren, um Liebe zu bekommen, führen zu vielen unerfreulichen Problemen in unserem Leben.

Jedes kindliche Verhalten ist auch Quelle weiterer Verwundbarkeit und verstärkt die Angst vor erneuten Verletzungen, die wir aus unseren Kindertagen kennen. Die Liebe immer wieder an Menschen zu verschenken, die uns ausnützen und unser Liebesbedürfnis dazu nützen, um ein Machtspiel zu spielen, ist ein weiteres Merkmal dieses Teufelskreises.

Jede nicht sinnvoll erklärbare Krise im Leben kann als Fingerzeig angesehen werden, kann uns auf zu lösende Probleme, die aus der Kindheit stammen, aufmerksam machen. Viele Kindheitstraumata zeigen sich in scheinbar nicht bewältigbaren Krisen. Man erkennt die Spuren der Kindheitserfahrungen, die Autobahnen im Kopf, auch daran, dass man für das Problemlösen sofort einen Rat für andere hätte, aber sich selbst nicht helfen kann.

Wenn die wichtigen Bedürfnisse der frühen Kindheit – Liebe Herzenswärme, Schutz, Anerkennung, Stärkung des Selbstvertrauens – nicht befriedigt wurden, hinterlässt das tiefe seelische Wunden, die oft über Jahre aus der Erinnerung verdrängt werden, aber gerade wenn es um Liebe geht, aus der seelischen Tiefe hervorkommen und unser Fühlen und Handeln formen, zur Selbstaufopferung führen können, bis sie aufgedeckt und verarbeitet werden.

**Fallbeispiel**

*Herr H., ein etwa 60-jähriger Mann, liegt im Krankenhaus mit einer Krebserkrankung in fortgeschrittenem Stadium. Sein Internist schickt die Psychologin zu ihm, weil Herr H. vollkommen apathisch sei, ja es entstehe sogar der Eindruck, es sei ihm*

*alles egal, er zeigt überhaupt kein Interesse an den Therapie-
möglichkeiten. Herr H. ist Buchhalter in einer kleinen Firma,
er lebt alleine und sehr zurückgezogen. Der Psychologin erzählt
er nach längerem Zögern auf die Frage, ob er etwas brauche
und wie es ihm gehe, er brauche nichts, aber er wache nachts
öfter auf, weil er sich an ein Ereignis seiner Kindheit erinnere,
das ihn noch heute ängstige. Er war etwa fünf Jahre alt, als er
sich seine Hand am glühenden Ofen verbrannt hatte, und er
sagt, er sieht im Traum, wie seine Haut an der Glutfläche hän-
gengeblieben ist. In seiner Verzweiflung hat er seine Stiefmutter gerufen, die ihn schlug, weil er immer nur Schwierigkeiten
mache. Sein freudloses Kinderdasein ergab sich auch daraus,
dass er fast immer allein zu Hause war, denn sein Vater und
seine Stiefmutter arbeiteten in einem kleinen Laden, der ihnen gehörte. Über seine tote Mutter wurde nie gesprochen, er
suchte heimlich, ob er irgendetwas von ihr finden konnte, ein
Kleidungsstück oder Schuhe, aber vergebens. Sie war tot, und
tot sein hieß daher für ihn, dass gar nichts von einem Menschen
übrigbleibt, nicht einmal ein Schuh. Das führte dazu, dass er
aus nichtigstem Anlass Todesängste ausstand, er sich aber nicht
traute, es jemandem zu sagen.*

*Auch die Schulzeit brachte ihm nicht das erhoffte bessere Le-
ben, sondern nur die Aggressivität der Mitschüler. Die Angst
vor dem Vater, der ihn immer wieder wegen schlechter Schulleistungen mit der Faust ins Gesicht und blutig geschlagen hatte, hätte er unterdrückt, um ihn nicht noch wütender zu machen. Er sagt, er hätte sich damit geholfen, dass er dachte, er
sei schon tot. Sein Vater legte größten Wert auf Ordnung und
Fleiß, und da er schlechte Schulnoten hatte, musste er immer
fleißig lernen. Es blieb also keine Zeit für Freunde oder Spiel.
Er blieb sein ganzes Leben allein und isoliert.*

*Diese entbehrungsreiche und lieblose Kindheit ließ seine Seele
verhungern. Ihm fehlten die Möglichkeiten, Schmerz und Trauer ausleben zu können. Sachlich, so als ginge es ihn gar nichts
an, erzählte er von seiner leidvollen Kindheit und der herr-
schenden Mitleidlosigkeit und seinem nicht gelebten Leben.*

*Herr H. starb zwei Wochen nach Einlieferung ins Kranken-*
*haus, er hatte in den zwei Wochen nicht einen einzigen Wunsch*
*geäußert.*

## MISSBRAUCH VERLETZT DIE SEELE SCHWER

### Fallbeispiel

*Herr S. leidet an einer schweren Lebenskrise: Seine Frau hat*
*ihn nach 15 Jahren Ehe verlassen, sie will sich scheiden lassen.*
*Er hat schreckliche Angst vor dem Alleinsein, dem Verlassen-*
*werden, er spürt einen unbeschreiblichen Schmerz tief in seiner*
*Brust, er weiß sich nicht zu helfen. Sein Leben lang litt er immer*
*wieder unter Störungen seiner Sexualität, speziell dann, wenn*
*seine Frau ihn streicheln wollte, ihn liebkosen wollte. Dies sei*
*auch jetzt der Anlass, warum sie ihn verlassen habe, erzählt er*
*einem Freund. Sie könne mit seinen schroffen Zurückweisungen*
*nicht mehr zurechtkommen, sagte sie ihm.*

*Der Freund rät ihm, eine Psychologin aufzusuchen. Nach dem*
*Aufbau einer Vertrauensbasis erzählt er von einem Kindheitser-*
*lebnis, das er fest verpackt in seiner Seele hält. Er war acht Jahre*
*alt, als sein Vater die Familie verließ. Er saß weinend auf der*
*Treppe vor dem Haus, als ihn der Nachbar ansprach und ihm*
*ein Spielzeugauto schenkte, genau das, das er sich von seinem*
*Vater gewünscht hatte. Er hatte es ihm schon in einem Katalog*
*gezeigt gehabt und der Vater hatte versprochen, dass er es be-*
*kommen werde, aber der Vater war bereits weggezogen.*

*Die Mutter war sehr verzagt, er wagte nicht, mit ihr über sei-*
*nen Schmerz zu reden. Sie könne ihm nicht helfen, dachte er, sie*
*weine ja immer. Der Nachbar nahm ihn mit in seine Wohnung*
*und spielte mit ihm mit dem neuen Auto. Dabei setzte er ihn*
*auf seinen Schoß und streichelte ihn. Nicht nur am Kopf, son-*
*dern am ganzen Körper, das erregte den Jungen sexuell. Und*
*es kam zum sexuellen Missbrauch, was der Junge aber in seiner*
*seelischen Not nicht richtig deuten konnte, es war sehr irritie-*
*rend für ihn.*

*Immer wenn ihn seine Frau so streichelte, kamen diese alten Erinnerungen, diese Gefühle von Schuld und Scham, die Verwundungen seiner Seele, seine Schmerzen und auch seine Wut ihn ihm hoch. Er stieß dann seine Frau zurück, was diese als schmerzliche Zurückweisung empfand, sodass sie sich im Laufe der Jahre immer mehr von ihm abwendete. Nächte lang wälzte er sich dann im Bett herum und quälte sich mit den Gedanken, wie er sich hätte damals wehren können, aber er schwieg. Seine schrecklichen Erfahrungen von damals sollten nie ans Tageslicht kommen, wünschte er. Denn auch die Drohung des Nachbarn, der ein angesehener Mann war, „Du darfst es niemandem sagen, denn dann kommst du in ein Heim ...", wirkten in ihm nach.*

*Der Missbrauch setzte sich über Jahre fort. Erst als er für eine Berufsausbildung ins Ausland ging, wurde die Abhängigkeit gebrochen. Doch seine Sexualität war gestört, es ekelte ihn, wenn er gestreichelt wurde, und Gefühle wie damals kamen hoch.*

*In der nun folgenden Psychotherapie begann er die Gefühle der verdrängten Vergangenheit zu verarbeiten und neu zu deuten. Es war ein schmerzhafter, langer Weg. Er entschied sich trotzdem, seine Geschichte nicht preiszugeben, zu groß war die Angst einer Blamage, diese eigene jahrelange Schwachheit zuzugeben. In einer narrativen Therapie gelang es immer besser, das Erlebte in die eigene Biografie zu integrieren und einen Weg zu finden, mit dem Trauma seiner Kindheit zu leben.*

## „ICH KANN GAR NICHTS, BIN ZU NICHTS NÜTZE"

### Fallbeispiel
*Eine 40-jährige Frau befindet sich in einer schmerzlichen Lebenskrise, ihre zweite Ehe geht in Brüche. Sie fühlt sich, wie so oft im Leben, hilflos und wertlos. Ein Gefühl, das sie aus ihrer Kindheit kennt. Ihre Eltern waren selten offen für ihre Bedürfnisse. Weder Lob noch Tadel wurden begründet, ihr war nie*

111

*klar, ob sie, wenn sie eine Aufgabe erfüllte, dafür gelobt oder getadelt werden würde. Sie erinnert sich daran, dass, wenn sie zum Beispiel das Geschirr abwusch, es der Mutter manchmal recht war und sie dafür sogar belohnt wurde und ein anderes Mal wurde sie deswegen geschimpft, weil es viel wichtiger gewesen wäre, sie hätte dies oder jenes gemacht. Wenn sie in der Schule Schwierigkeiten hatte, halfen ihr die Eltern in einer Weise, die sie sehr verunsicherte. Zum Beispiel löste der Vater eine Mathematikaufgabe für sie, er erklärte ihr aber nicht, wie sie es selbst hätte zustande bringen können. So wuchs in ihr ein Gefühl, nichts zu können und nichts zu begreifen. Wenn ihre Eltern mit Hilfe gespart und stattdessen Unterstützung angeboten hätten, hätte sie in ihrem Kopf gespeichert, dass sie auch schwierige Aufgaben lösen kann.*

In diesem Fall fehlte jede Möglichkeit einer positiven Selbstattribuierung: Durch mein Zutun ist dieses oder jenes gelungen. Dies wäre ein wichtiger Aspekt für die Entwicklung eines starken Selbstbewusstseins gewesen. Die Unterscheidung in der Erziehung zwischen „helfen" und „unterstützen" ist von eminenter Wichtigkeit für die Entwicklung des Glaubens an sich selbst; „Ich kann etwas". Kinder, die zu „Hilflosen" erzogen werden, weil die Eltern meist aus Ungeduld alles selbst machen, anstatt dem Kind die Zeit zu geben, eine Leistung zu erbringen, wachsen zu Menschen heran, die auch im Erwachsenenleben unentwegt hilfesuchend unterwegs sind und ein schwach ausgeprägtes Selbstbewusstsein haben.

## ARBEITSSUCHT

Auch die Arbeitssucht ist die Folge fehlender Möglichkeiten zur Selbstattribuierung. Arbeitssüchtige, sogenannte Workaholics, arbeiten eigentlich für sich selbst. Sie brauchen den Arbeitsdruck wie eine Droge, die durch Konkurrenz noch belebt und verstärkt wird.

## Fallbeispiel

*Herr T., ein 40-jähriger Mann, wird mit Verdacht auf Herzinfarkt ins Krankenhaus eingeliefert. Die Diagnose ist günstig, es ist kein Herzinfarkt, aber ein Burnoutsyndrom, eine Totalerschöpfung; sein Körper wehrte sich gegen die jahrelange ungesunde Lebensweise. Auf Rat seines Arztes beginnt er eine Psychotherapie.*

*Er ist Rechtsanwalt, will Arbeit und Freizeit eng miteinander verbinden. Deshalb baute er ein Haus, in dem er auch seine Kanzlei unterbringen konnte; dort kann er immer arbeiten, genau wie sein Vater. Er hat auch die Ansichten von ihm übernommen. Soweit er sich an seine Kindheit erinnern kann, hört er immer noch die Stimme seines Vaters: „Wer rastet, der rostet", „Hättest du vor der Schularbeit nicht noch gespielt, dann hättest du einen Einser bekommen", „Wenn du den Hof kehrst und den Rasen mähst, hat Papi dich lieb", „Arbeit macht das Leben süß", „Nur dumme Menschen brauchen einen Liegestuhl" usw. Er konnte nicht erkennen, dass er sich eigentlich von solchen überholten, einseitigen Einschätzungen hätte distanzieren sollen.*

*Herrn T.s Bestreben ist es, immer der Beste sein zu wollen; selbst auf Feiern oder Partys kann er sich nicht entspannen, er arbeitet irgendwie immer. „Ein Rechtsanwalt muss immer nach neuen Klienten ausschauen", ist seine Devise, dies verlangt er auch von seinen Mitarbeitern; die Fluktuation in seiner Kanzlei ist daher hoch. Auch eine beginnende Bluthochdruckerkrankung aufgrund der chronischen Belastung des Herz-Kreislauf-Systems nimmt er nicht ernst, er lässt sich Medikamente verschreiben, will aber seinen Lebensstil nicht ändern. Immer weniger gelingt es ihm, Beziehungen zu anderen Menschen aufzunehmen oder aufrechtzuerhalten, was ihm aber nicht einmal auffällt, da er sich mit Arbeit überhäuft.*

*In der Therapie macht er die Erfahrung, dass Entspannung erlernbar ist. Es werden die Normen und Werte, die er von seinen Eltern übernommen hat, überprüft und neu bewertet. Ein Konzept wird erarbeitet, wie Arbeit nicht zum Selbstzweck wird, sondern eine Aufgabe bleibt, die eingereiht wird in weitere Aufgaben, zu denen gesund leben, soziale Kontakte pflegen usw. gehört.*

*Ziele und Ansprüche sollen flexibel gehandhabt werden können, eine neue Zeiteinteilung wird kreiert und es werden Methoden eingeübt, die helfen, Beruf und Privatleben auszubalancieren. Dabei geht es auch darum, das innere Befinden zu erforschen, die Zeichen des Körpers zu verstehen und nach einem inneren Rhythmus zu leben.*

*Es wurde Herrn T. bewusst, dass jeder Mensch ein Recht auf Unterstützung hat und dieses auch einfordern darf. Menschen sind keine Maschinen, sie sollen sich ihre eigenen Grenzen eingestehen und sich hie und da vertrauensvoll auf andere verlassen.*

*Es wurden Übungen angeboten, die veranschaulichten, dass Verantwortung teilbar ist, dass man nicht allgegenwärtig überall dabei sein muss. Wer viel gibt in seinem Beruf, soll sich auch viel Freiheit nehmen dürfen, sodass Geben und Nehmen in einem guten Verhältnis zueinander stehen.*

## HARTHERZIGKEIT

**Fallbeispiel**
*Ein 43-jähriger Mann steckt in einer Sinnkrise. Sein Sohn wirft ihm vor, dass sein Schulversagen damit zusammenhänge, dass der Vater so gefühlskalt sei.*

*Der Mann selbst wuchs als ältester Sohn auf, er hat zwei Schwestern, die jeweils zwei und drei Jahre jünger sind. Seine Eltern führten ein kleines Geschäft auf dem Land. Er war ein sensibles Kind, seine Eltern hatten wenig Zeit für ihn und fanden eigentlich nie beruhigende oder besänftigende, fürsorgliche Worte, wenn er Angst hatte. Sie zeigten Ablehnung, wenn er weinte, und fanden kein Verständnis für seine frühkindlichen Bedürfnisse, zum Beispiel wenn ihm seine Schwestern sein Spielzeug zerstörten oder ihn nicht mitspielen ließen. „Ein*

*Bub spielt nicht mit Mädchenspielzeugen", hieß es. Wenn er krank war, wurde ihm gesagt, er solle nicht so wehleidig und verweichlicht sein, weder seine seelischen noch die körperlichen Schmerzen wurden ernst genommen. Er konnte sich kein positives inneres Bild von sich selbst, nämlich dass er liebenswert, weichherzig sein darf, aufbauen.*

## SCHAM

Scham kann den Kern beinahe jeder seelischen Störung bilden. Sie kann als Depression, Angststörung, Panikattacke usw. auftreten. Sie ist eng verbunden mit dem Gefühl des Unglücklichseins und Betroffene befürchten permanent, ein Verhalten zu zeigen, das demütigend oder peinlich für sie sein könnte, was den Schmerz noch verstärkt. Die Folge ist, dass Menschen Situationen, die Scham auslösen könnten, unbedingt vermeiden wollen. Es kann vorkommen, dass die ganze Aufmerksamkeit eines Menschen sich darauf richtet, sich nur ja nicht in solche Situationen zu begeben, was erst recht zu einem Verhalten führt, in dem sie sich peinlich oder erniedrigend verhalten. Man denke an das sinnlose Abstreiten von Geschehnissen, die so augenscheinlich von der Person verursacht worden sind, dass das Abstreiten zu Situationen führt, die an Peinlichkeit oft nicht zu übertreffen sind.

Dieses Etwas, wofür man sich schämt, wird als Minderwertigkeit verstanden. Man schämt sich für ein Verhalten, das im Wertesystem von Mutter, Vater oder Bezugsperson als unangemessen erachtet wird, oder für körperliche oder intellektuelle Mängel. Jeder wird sich erinnern, wie weh es tat, wenn Eltern vor allen anderen eine schlechte Schularbeit kommentierten oder sich gar über ein Missgeschick lustig machten.

Mit anderen Worten ausgedrückt: Menschen schämen sich, wenn sie sozialen, ästhetischen oder moralischen Normen, die ihnen von anderen vorgegeben wurden, nicht gerecht werden können. Diese Mängel sind nie real, sondern Bewertungen, die von außen in ein Kind engrammiert wurden. Denn niemand bräuchte sich zum Beispiel wegen einer Behinderung, egal welcher Art diese auch sei, schämen. Es geht darum, zu lernen, wie damit umgegangen werden kann. Gute und auch schlechte Beispiele wurden für uns in den Jahren nach dem Contergan-Skandal sichtbar. Viele dieser mit schwersten Behinderungen geborenen Menschen schaffen ihr Leben gut, andere sind daran zugrunde gegangen, weil ihnen nie aufgezeigt wurde, wie damit gelebt werden kann. Sich dafür zu schämen, dass man mit einer Behinderung auf die Welt gekommen ist, ist immer falsch.

Scham nachträglich zu erklären, zum Beispiel warum sich jemand für das Aussehen seiner Nase schämt oder für den Busen, der zu groß oder zu klein ist, für Schüchternheit, die einem den Atem raubt, bevor man etwas sagen kann, usw., ist nicht möglich. Die seelischen Verletzungen sind zu tief, das Vernunfthirn kann da keinen helfenden Beitrag leisten.

Scham erzeugt ein Gefühl, eine Vorstellung, ein Bild von uns selbst, in dem wir uns als unwürdig, verachtenswert, minderwertig, entehrt, charakterlos sehen. Sie macht uns Angst, weil wir Gedanken entwickeln, die uns zuflüstern, wir seien verdientermaßen zu verachten, geringzuschätzen, abzulehnen, ja, wir seien auf keinen Fall liebenswert.

Scham überwältigt einen, sie nimmt unbemerkt die Lebenskräfte, fühlt sich kalt an, uns steht der kalte Schweiß auf der Stirn oder sie brennt sich ins Herz und jagt uns die (Schames-) Röte ins Gesicht. Sie beengt uns, wir bekommen keine Luft, können nichts sagen und schämen uns noch zusätzlich für diese körperlichen Phänomene, die somatischen Marker, wie sie heute genannt werden.

*„Der Körper ist der Übersetzer der Seele ins Sichtbare."* (Christian Morgenstern)

### Fallbeispiel
*Frau S. ist eine 37-jährige Managerin, die seit 2 Jahren an Panikattacken leidet, die sie mit aller Kraft verbergen will. Sie hat*

Angst, sie würde ihren Job verlieren, wenn das jemand wüsste. Ihre erste Panikattacke trat plötzlich auf, sie war gerade in einem Einkaufsmarkt. Bei Beginn der Panikattacke fühlte sie eine Art Hitze wie brennend heißes Wasser über den Rücken hinaufschießen und erlebte intensive Angst. Ihr Herz raste, ihre Hände kribbelten und sie war völlig außer Atem. Es war ihr heiß, obwohl sie eiskalte Hände hatte, sie zitterte, sie war vollkommen durcheinander.

Obwohl sie kaum sprechen konnte, rief Frau S. sofort ihren Hausarzt an, sie fühlte sich schwach und voller Angst. Sie sagte, sie könne nicht zu ihm kommen, sie bitte ihn um einen Hausbesuch. Sie schämte sich sehr, ihn darum bitten zu müssen. Eine anschließende gründliche körperliche Untersuchung ergab, dass sie körperlich vollkommen gesund war. Auch die Laborwerte waren unauffällig.

Im Verlauf der nächsten Wochen wiederholten sich die Panikanfälle, die unerwartet in verschiedenen Situationen auftraten. Charakteristisch für diese Anfälle war das plötzlich einsetzende Gefühl, entlang der Wirbelsäule diesen heißen Strahl wie brennend heißes Wasser zu spüren, gepaart mit Herzrasen, Benommenheit, Kribbeln in den Fingern, Angst, verrückt zu werden, und ein Gefühl der Unwirklichkeit.

Frau S. konnte nur mit viel Mühe von ihrem Hausarzt überzeugt werden, eine Psychologin aufzusuchen. Bei der folgenden Psychotherapie erinnerte sie sich, dass sie sich als Kind, mit etwa vier oder fünf Jahren, in einem Supermarkt verlief und sich entsetzlich fürchtete. Sie hörte, wie ein Lautsprecher sagte, dass der Supermarkt in ein paar Minuten schließen würde und die Kunden zu den Kassen gehen sollten. Sie weinte und lief in alle Richtungen, aber sie sah keine Kassa. Schließlich schrie sie aus großer Verzweiflung immer lauter, als sie endlich ihre Mutter mit einer Verkäuferin auf sich zukommen sah. Die Mutter beschimpfte sie, gemeinsam mit der Verkäuferin „lachte sie mich aus".

Sie erinnerte sich nun, dass ihre erste Panikattacke an einem Tag passierte, als sie abends noch Gäste erwartete. Sie musste

*daher unbedingt noch alles Mögliche einkaufen, es war aber*
*schon sehr spät, weil sie im Büro noch so viel zu erledigen hat-*
*te. Möglicherweise löste der Lautsprecher, der auch in diesem*
*Supermarkt das Schließen ankündigte, bei ihr diese schmerzli-*
*chen Gefühle von Scham und Schuld erneut aus.*

*Es wurde mit einer ressourcenorientierten positiven Thera-*
*piemethode ein Weg gefunden, diese seelische Wunde zum Ab-*
*heilen zu bringen.*

## KEINE FEHLEREINSICHT

Wer von sich vollkommen überzeugt ist und meint, keine Fehler
zu machen, dem fehlte in der Kindheit wahrscheinlich die Wertschätzung.

**Fallbeispiel**
*Ein 45-jähriger Arzt machte einen großen Fehler, ein Patient*
*starb. Obwohl es unwiderlegbar war, dass es sein Verschulden*
*war und Leugnen die Situation nur verschärfte, blieb er dabei,*
*alles abzustreiten. Er verwickelte sich in immer größere Wider-*
*sprüche, selbst beim Gerichtsverfahren leugnete er weiterhin,*
*was zu großem Unverständnis bei allen Beteiligten führte. Es*
*stellte sich bei der Gerichtsverhandlung heraus, dass er jemand*
*war, „der Fehler nie zugegeben habe", wie die Zeugen aussag-*
*ten. Nun wagte es auch seine Familie ihm zu sagen, dass es sehr*
*schwierig sei, mit ihm zu leben, weil er seine Fehler nie einsehe*
*und sich nie entschuldige.*

*In dieser Lebenskrise begann er eine psychotherapeutische*
*Therapie. Er sagte seiner Psychologin, dass er sich fühle wie*
*ein 7-Jähriger, ihn erinnere alles an seine Kindheit, in der er*
*sehr unglücklich war. Er war ein unerwünschtes und unehe-*
*liches Kind. Seine Mutter war Arzthelferin bei dem Arzt, der*
*dann sein Vater wurde. Zwar kümmerte sich der Vater um ihn,*
*aber es interessierten ihn nur die schulischen Leistungen. Er*
*durfte nur Bestnoten haben und wenn er einen Fehler machte,*

*wurde er in schlimmster Weise gedemütigt. Der Vater rief ihn zum Beispiel in die Praxis und fragte ihn vor allen wartenden Patienten, wie er eine Schularbeit bewältigt habe. Da begann er erstmals, so erinnerte er sich, zu sagen, er hätte einen Einser, obwohl es nicht so war. Das führte dann am Abend, wenn der Vater die Note sah, zu schmerzlichen Konflikten und er wurde als „unerwünscht" in sein Zimmer verwiesen, was ihn sehr verletzte. Immer mehr stritt er jedes Fehlverhalten ab, was dazu führte, dass er den Kontakt zu seinem Vater ganz verlor. Selbst als er sein Medizinstudium abschloss und Arzt wurde, brachte ihm sein Vater keine Wertschätzung entgegen, sondern meinte, dass er selbst viel schneller und erfolgreicher mit dem Studium fertiggeworden sei.*

## ENTSCHEIDUNGSSCHWÄCHE

**Fallbeispiel**

*Eine 28-jährige Frau hat die Möglichkeit, eine Stelle im Ausland anzunehmen – ein wichtiger Karriereschritt, aber sie kann die Entscheidung nicht treffen, sie traut sich die Bewältigung der neuen Aufgabe nicht zu. Dieses Verhalten zieht sich durch ihr ganzes Leben. Jedes Mal, wenn sie eine Entscheidung treffen soll, hat sie diese quälenden Gefühle, es falsch zu machen, sie kann sich nicht festlegen und viele Male ist dann „der Zug abgefahren", was sie im Nachhinein sehr bedauert. Vieles hat sie versäumt, weil sie so unsicher in ihrem Entscheidungsverhalten ist.*

*In ihrer Kindheit wurde sie immer entmutigt, zu sich zu stehen. Wenn sie ihre Meinung zu etwas sagen wollte, wenn sie eine Entscheidung treffen wollte, sagte ihre alleinerziehende Mutter, dass sie gar nicht erwägen könne, wie gefährlich eine Situation sei. Selbst wenn ihre Argumente so stark waren, dass sie nicht widerlegt werden konnten, wurden sie nicht bestärkt, dabei zu bleiben, sondern sie wurde von ihrer Mutter so lange verunsichert, bis sie den Glauben an die Richtigkeit ihrer Ent-*

*scheidung verlor. Selbst wenn die Tochter es einmal wagte, eine Entscheidung zu treffen, und sagte: „Dazu stehe ich", wurde sie mit Ablehnung bestraft.*

## ANGST VOR KONFLIKTEN

**Fallbeispiel**

*Ein 55-jähriger Mann ist verzweifelt, seine Frau will sich scheiden lassen, sie halte es mit ihm nicht mehr aus. Er versteht die Welt nicht mehr, auch die inzwischen erwachsenen zwei Kinder begreifen die Mutter nicht, alle sind fassungslos. Nie hätten sie gestritten, sagt der Vater, was auch stimmt, denn er ist jedem Konflikt aus dem Weg gegangen. Wenn seine Frau etwas kritisierte, ging er in den Keller, wo er eine kleine Holzwerkstatt – sein Hobby ist Schnitzen – aufgebaut hat, und blieb dort, bis „alles wieder vorbei" war, wie er meinte.*

*Er hatte eine schwere Kindheit, seine Mutter war alkoholkrank und immer wenn es zu einem Konflikt gekommen wäre, trank sie, was ihn sehr ängstigte. Sein Vater verließ die Familie, als er neun Jahre alt war, und er tat alles, um nur ja keinen Streit vom Zaun zu brechen, aus Angst, dann könnte auch noch die Mutter weggehen oder wieder trinken.*

*Kinder müssen streiten lernen, ohne dass sie sich in ihrer Existenz bedroht fühlen. Sie müssen lernen, dass ein Streit zum Leben gehört und dass man auch „richtig" streiten kann, dass nachher wieder alles gut sein kann. Diese Erfahrung fehlte ihm komplett, weswegen er alles tat, um nur ja nie in eine Konfliktsituation zu geraten. Er übersah dabei, dass dieses Verhalten erst recht zu einem Verlassenwerden führte.*

Alle diese Fallbeispiele zeigen, dass man seine Geschichte erhellen muss, wenn man sich selbst besser verstehen will, sich selbst näher kennenlernen will. Wer seine Lebensgeschichte fast vom ersten Herzschlag an kennt, kann sie deuten und erkennt die Autobahnen und Feldwege im Kopf. Wer sich selbst verstehen will, wer Einblick bekommen will, warum eine Entscheidung so und nicht anders getroffen wurde, wer die Bedeutung der eigenen Verhaltensweisen erfahren will, muss in die Kindheit hineinblicken. Der Weg, das eigene Selbst mit all seinen Besonderheiten zu erforschen, sich den persönlichen Mythos bewusst zu machen, führt in die ersten sieben Jahre des eigenen Lebens.

## ZUKUNFT IST DIE GLÜCKLICH
## GELEBTE GEGENWART

Wer ein neues Verhalten in sein Leben einführen will, kann das am besten, wenn dieses neue Verhalten mit angenehmen Gefühlen verbunden werden kann. Ein ungutes Gefühl bringt den besten Vorsatz zum Scheitern. Ein Vorsatz für eine Verhaltensänderung muss in die gegenwärtige Lebenssituation, zu unseren aktuellen Fähigkeiten, Begabungen und inneren Glaubenssätzen passen. Nur wer sich vorstellen kann, dass das neue Handeln mit guten Gefühlen belohnt werden wird, kann es schaffen.

Wer sich zum Beispiel vornimmt abzunehmen und auf die selbstgestellte Frage, welche Gefühle damit verbunden sein werden, mit „ungut" antworten muss, wird sein Ziel verfehlen. Wer aber innerlich darauf vorbereitet ist, Gewohnheiten aufzugeben, und sich das als angenehm vorstellen kann, ist seinem Ziel ein gutes Stück nähergekommen.

Die selbstgestellte Frage muss lauten: „Meine ich das wirklich ernst, freue ich mich auf das Umsetzen meines Vorsatzes, habe ich alle Konsequenzen, die mein neues Verhalten nach sich ziehen wird, durchgedacht? Werden gute Gefühle folgen?"

Nur wer Ursachen und Gründe für sein bisheriges Verhalten genau kennt, also auch weiß, wieso sie/er bis jetzt so und nicht anders gehandelt hat, kann mit den Vorbereitungen beginnen, das neue Verhalten in das Leben einzuplanen. Wer Anstrengungen liebt, also zum Beispiel gerne „schwarze Pisten fährt", kann sich ohne weiteres große Schritte zutrauen. Wer allerdings Anstrengungen im Leben immer zu vermeiden trachtet, kann sein neues Verhalten nur dann realisieren, wenn sie/er Wege sucht, die es ihr/ihm leicht machen. Da es kaum Menschen gibt, die gerne steinige Wege gehen, soll alles vermieden werden, was als beschwerlich und mühselig erwartet wird. Wer frühzeitig die Weichen so stellt, dass das neue Verhalten wie ein neues gern getragenes Kleidungsstück gewertet wird, erhöht die Erfolgschancen enorm.

## „YES, I CAN" ALS MAGISCHES MANTRA

Wer ein gutes Mantra für sich kreiert hat – wir haben es vom amerikanischen Präsidenten gelernt –, kann Wunder bewirken. Zum Beispiel kann so ein Mantra, das man sich unentwegt wie eine Endlosschleife vorsagt, lauten: „Ich bin jemand, der ... kann". Je persönlicher das Mantra ausformuliert wird, desto stärker wirkt es. Ein gut wirkendes Mantra kann zum Beispiel auch in einem gemeinsamen Wettbewerb gefunden werden: „Wer hat das beste Mantra?", regt die Kreativität an und hilft, gute Vorsätze durch gute Leitsätze zu realisieren.

Wer sich von den Fesseln eines kindlichen Verhaltens befreien will, also etwas Neues ins Leben bringen und Gewohnheiten aufzugeben will, braucht Kraft. Es ist wichtig, einen eventuell kindlichen Größenwahn („Ich kann alles, ich bin Superman") zu vermeiden. Gute Beigaben zum Kräfteaufbau sind: gesunder Schlaf, viel Wasser trinken, sich gesund ernähren, Bewegung und Humor. Dann ist das Gelingen in greifbare Nähe gerückt.

Der Mensch ist ein freies Wesen und kann durch Änderungen der Einstellungen jederzeit seine Verhaltensweisen ändern.

Jeder Veränderung geht eine Selbstreflexion, Selbsterkenntnis und ein Bewusstsein über die Entwicklung der individuellen Persönlichkeit voraus. Man braucht Klarheit über die wesentlichen Charakterzüge und Eigenarten, Qualifikationen und Fertigkeiten, Stärken, Schwächen und Kompetenzen. Ebenso über Gefühle und Empfindungen im Zusammenhang mit dem Beruf, dem sozialen Umfeld und den Zielen, die man sich gesetzt hat. Welche Vorlieben, Wünsche und Hoffnungen treiben einen an oder welche Abneigungen hemmen? Erst wer seine Vorstellungen vom Leben erhellt hat, kann damit beginnen sich zu verändern.

Dieser Prozess des Sich-Nahekommens, der Selbsterkenntnis ist keine leichte Sache. Eine realistische Selbsteinschätzung und Selbstbewertung erfordert eine intensive Beschäftigung mit sich selbst und ein gezieltes Hinterfragen der bisherigen Einsichten und Ansichten, Klarheit darüber, welche übernommenen Werte aus der Kindheit einen unbewusst leiten oder hemmen.

## ABERGLAUBE

Auch gewisse Formen des Aberglaubens schreiben sich in unsere Seele ein und hinterlassen fest eingebrannte Engramme. Mit abergläubischen Prophezeiungen wird schon Kindern ein irrationales Regelwissen, das sich nicht objektiv bestätigen lässt, eingelernt. Viele vernunftwidrige Verhaltensformen haben wir aus unserer Kindheit, dem Einfluss der Aberglaubensüberbringer vollkommen ausgeliefert, übernommen.

Manche müssen sich ein Leben lang an Knöpfen anhalten, wenn ein Rauchfangkehrer daherkommt, um das Glück herzuzaubern, müssen einen anderen Weg nehmen, wenn eine Katze um die Ecke huscht, dürfen an einem Freitag, dem 13., nicht aus dem Haus gehen, müssen Glücksbringer mit sich herumschleppen usw. Alles sei für Glück oder Unglück verantwortlich und nur ganz schwer bringt man dieses irrationale „Wissen" wieder aus seinem Kopf heraus.

Rufen Sie sich in Erinnerung, was Ihnen in Ihrer Kindheit verboten wurde, obwohl Sie es gerne gemacht hätten. Diese Erinnerungen können Ihnen helfen, sich selbst näher zu kommen und zu verstehen, warum Sie sich in gewissen Situationen wie ferngesteuert verhalten.

Die Beantwortung der folgenden Fragen, bezogen auf Ihre ersten zehn Lebensjahre, kann helfen zu erkennen, welche Erfahrungen Sie gespeichert haben:

1. Welches Familienmotto gab es in Ihrer Familie? Zum Beispiel: Man darf erst ruhen, wenn die Wohnung aufgeräumt ist. Oder: Nur wer schon am frühen Morgen fleißig ist, ist ein anständiger Mensch usw.
2. Welches Sprichwort sagte Ihre Mutter, Ihr Vater oder Ihre Bezugsperson immer wieder?
3. Unter welchen sozialen Bedingungen haben Sie damals gelebt?
4. Welche Familientraditionen gab es? Wie wurden Weihnachten, Geburtstage, Namenstage usw. gefeiert?
5. Gab es ein Familiengeheimnis, über das nicht geredet werden durfte?
6. Was ist Ihre schönste Erinnerung aus dieser Zeit?
7. Was ist die schmerzlichste Erinnerung aus dieser Zeit?
8. Wenn Sie Geschwister haben: Wurden diese aus Ihrer Sicht (damals) gleich behandelt wie Sie oder fühlten Sie sich ungerecht behandelt?
9. Wer waren Ihre besten Freundinnen und Freunde in dieser Zeit und warum mochten Sie diese?
10. Was gefiel Ihnen an der Schule und was nicht?
11. Welche Urlaube mochten Sie, welche nicht?
12. Welcher Urlaub war der schönste?
13. Womit konnte man Ihnen eine Freude machen?
14. Gab es Erlebnisse, die Ihr Leben verändert haben (Scheidung, Todesfall, Umzug in eine andere Wohnung, in eine andere Stadt usw.)?
15. Was wollten Sie beruflich werden?
16. Wie haben Sie sich Ihre Zukunft damals vorgestellt?
17. Wofür lobte man Sie besonders?
18. Wovor hatten Sie am meisten Angst?
19. Wie waren Sie in dieser Zeit kleidungsmäßig angezogen? Gefiel Ihnen das? Durften Sie Ihre Kleidung selbst wählen?
20. Welche Eigenarten hatte Ihre Mutter, Ihr Vater oder Ihre Bezugsperson?

21. Welche Menschen hatten Sie gern? Wo gingen Sie gerne hin? Warum?
22. Welches war Ihr Lieblingsbuch, Lieblingsfilm, Lieblingsspiel, Lieblingsessen?
23. Gibt es Dinge aus dieser Zeit, an denen Ihr Herz heute noch hängt? Wenn ja, warum?
24. Wie denken Sie heute über all das?

Die Kindheit ist der Zeitraum im Leben eines Menschen, der durch Lernen gekennzeichnet ist, wozu auch die Entfaltung der Persönlichkeit gehört. Entfaltung wird als Metapher für ein Übergangsstadium zum Erwachsensein gesehen. Die subjektiven Bedürfnisse, Wünsche und Interessen eines Kindes können sich grundlegend von denen der Eltern unterscheiden. Um sich kennenzulernen und besser verstehen zu können, ist es daher hilfreich, so viel wie möglich von der eigenen Kindheit zu wissen.

## DAS AUGE ALS TÜR ZUR SEELE

Zuneigung, Abneigung, Hass, Angst: Die Erweiterungen und Verengungen der menschlichen Pupille sind der einzige zuverlässige Gradmesser, an dem sich unsere Seele widerspiegelt. Wir können im Auge des anderen – nie können wir uns in unsere eignen Augen blicken – Emotionen und Denkprozesse ablesen. Und das Spannende dabei: Dieser Blick ins das Auge unseres Gegenübers gibt uns Auskunft, wie es uns selbst geht.

Die Art, wie wir schauen, wie wir jemanden anblicken – vertrauensvoll, bewundernd, angsterfüllt oder gar zornig – informiert den anderen über unsere Emotionen und Gefühle.

Unsere Stimme können wir verstellen, unseren Mund zu einem Lächeln verziehen, auch wenn wir es nicht so meinen, aber die Sprache der Augen zeigt unsere innere Einstellung.

Noch wichtiger ist, dass wir uns im Blick des anderen Menschen widerspiegeln. Wir sehen uns im Auge des anderen. Wenn uns in der frühen Kindheit im Blick von Mutter, Vater und Bezugspersonen gespiegelt wurde, dass wir willkommen sind, dass man uns liebt, dass man uns verstehen will, haben wir gelernt, uns selbst auch mit diesem Blick zu sehen.

Dazu Platon in „Das Püppchen":

*SOKRATES: So lass uns denn bedenken, in welches unter allen Dingen schauend, wir doch jenes und uns selbst erblicken würden?*

*ALKIBIADES: Offenbar doch, o Sokrates, in Spiegel und dergleichen.*

*SOKRATES: Richtig gesprochen. Ist aber nicht auch in dem Auge das, womit wir eigentlich sehen, eben so etwas?*

*ALKIBIADES: Freilich.*

*SOKRATES: Denn du hast doch bemerkt, dass, wenn jemand in ein Auge hineinschaut, sein Gesicht in der gegenüberstehenden Pupille erscheint, wie in einem Spiegel, was wir deshalb auch das Püppchen nennen, da es ein Abbild ist des Hineinschauenden.*

*ALKIBIADES: Ganz richtig.*

*SOKRATES: Ein Auge also, welches ein Auge betrachtet und in das hineinschaut, was das Edelste darin ist und womit es sieht, würde so sich selbst sehen.*

Sokrates bezeichnet hier das Auge als Spiegel und spielt explizit auf die besondere Bedeutung des Auges für die Konstitution des Selbst im Blicke des anderen an. Die Selbsterkenntnis kann, das ist offenbar Sokrates' Meinung, nur in Spiegelung des Selbst im Blick des anderen erfolgen. Das Püppchen ist das kleine Spiegelbild des Selbst im Auge des anderen.

Das Sich-im-anderen-Erkennen ist die Grundlage der Identität. Im nachahmenden Spiel erprobt das Kind unterschiedliche Rollen, es ahmt das Verhalten von Mutter, Vater oder Bezugsperson und allen Menschen nach, die es irgendwie interessant findet. So lernt das Kind mithilfe der somatischen Marker seine Identität auszubilden.

## Fallbeispiel

*Ein 3-jähriges Mädchen hinkt eines Tages. Die Mutter sorgt sich sehr, fragt immer wieder, ob es Schmerzen habe, das Kind verneint dies, ist vergnügt, spielt, isst normal, aber hinkt. Dieses Kind wächst in sehr behüteter und wertschätzender Erziehung auf, die Mutter ist Psychologin, der Vater Anwalt, das Mädchen ist sozusagen in ein gutes Nest hineingeboren.*

*Die Mutter beschließt, zum Arzt zu fahren, und erklärt ihrer Tochter, dass sie den Arzt kenne, er sei ein Freund und alle Behandlungen, die das Kind erhalten würde, würde zuvor auch ihre Puppe erhalten. Das nimmt dem Mädchen die Angst.*

*Auch beim Arzt hinkt das Mädchen, sie ist vergnügt, aber sie hinkt. Der Arzt ist ein sehr erfahrener Kinderarzt und bittet nun die Mutter, sich ganz an den anderen Rand des Zimmers zu stellen, das Kind bleibt bei ihm stehen. Die Kleine beobachtet mit wachsender Aufmerksamkeit, dass die Mutter nun so weit weggeht. Da der Arzt sie an der Hand hält, kann sie nicht mitgehen. Dann klatscht er in die Hand, das Kind erschrickt und läuft – ohne Hinken – zur Mutter.*

*Auf Befragen fiel der Mutter ein, dass jüngst ein Bekannter auf Besuch war, der genau so hinkte, wie es das Kind nachahmte.*

Die Nachahmung, man spricht auch vom Modell-Lernen, von Imitation oder Mimikry, ist eine wichtige evolutionäre Form der Anpassung. Nachahmung beschleunigt einen Lernprozess und verkürzt die sogenannten Irrtumsphasen. Wer jemanden mit allen somatischen Markern (Stimme, Gang, Mimik usw.) nachahmt, lernt, sich gut in andere hineinzudenken, und kann nachempfinden, wie es einem anderen Menschen geht. Wer das kann, hat ein hohes Maß an sozialer Kompetenz und einen guten Schlüssel zum Lebensglück.

# UNGLÜCKLICHMACHER
## AUS DEM LEBEN BANNEN

„Hätte ich doch ...", „Wäre ich doch ...", „Ich hätte ... sollen", „Wenn das und das gewesen wäre, dann ..." – solche Sätze sind wahre Unglücklichmacher. Diese Art des Denkens ist belastend und raubt wertvolle Ressourcen.

Verzeihen, Vergeben, Versöhnen sind die Glücklichmacher. Niemand kann seine Vergangenheit ändern, aber jeder kann mit einem anderen Blick in die Vergangenheit schauen und sich von krankmachenden Erinnerungen befreien.

Schuldvorwürfe an sich selbst, an Mutter, Vater, Lehrer oder andere wichtige Bezugspersonen haben nur dann Sinn, wenn diese mit Gedanken der Wiedergutmachung verbunden werden können. Fühlt sich jemand selbst schuldig, ist ein Wiedergutmachungsritual geradezu ein Segen, der die Bitterkeit aus dem Leben vertreibt. Betreffen die Schuldvorwürfe andere Menschen, gelten Angebote über die Möglichkeiten einer Wiedergutmachung als gute Gesprächsbasis. Ist das aber nicht möglich, ist das Loslassen und Akzeptieren, dass es so war, wie es war, und dass es bewältigt wurde, der einzig richtige Weg.

Verharmlosungen führen in düstere Gassen, aus denen man nur schwer wieder herausfindet. Im Gegenteil: Wer bereit ist, die Verletzung als ein Element der eigenen, ganz individuellen Biografie anzunehmen, befreit sich nachhaltig. Feindseligkeiten und Rechthaberei verhärten die Seele, und Spannungen zwischen den „Tätern" und den Opfern können von halsstarrigen Standpunkten aus nicht gelöst werden. Neue Heilsätze begünstigen – wie eine sanfte Massage des wunden Punktes – ein langsames Aufweichen dieser Verhärtungen in der Seele.

Sich frei zu fühlen von den Folgen der Verletzungen der frühen Kindheit ist unweigerlich mit Anstrengungen verbunden. Sich von illusionären Lebensträumen, die einen in die Irre führten, zu befreien, ist sehr erleichternd. Wer das schafft, erhöht seine Selbstachtung. Das Geschehene lässt sich nicht aus der Welt schaffen. Große Verfehlungen, die Mutter, Vater oder Bezugspersonen einem Kind angetan haben, können nur insofern wieder gutgemacht werden, als alle bereit sind, danach zu suchen, was sie nun Gutes für den Menschen, der einmal das betroffene Kind war, tun können. Schon die Frage: „Wie stelle ich mich meiner eigenen Schuld?", kann Erleichterung für alle bringen. So kann es gelingen, dass das (ehemalige) Kind aufhört, sich als Opfer zu fühlen, und Mutter, Vater oder Bezugsperson zu einer neuen Beurteilung von Schuld und Verantwortlichkeit kommen.

**Fallbeispiel**

*Herr E., ein etwa 50-jähriger Bankmanager, sucht eine Psychologin auf, um einen Konflikt mit seinem Vater aufzuarbeiten, zu dem er seit dem Tod der Mutter vor einigen Jahren kaum Kontakt hat. Der Vater führt ein Unternehmen und ist nun erkrankt. Herr E. ist sein einziger Sohn und er wünscht sich, dass dieser das Unternehmen übernimmt, was Herr E. aber nicht will.*

*Herr E. erzählt von seiner entbehrungsreichen Kindheit und Jugend. Seine Eltern lebten in sehr guten Verhältnissen, sein Vater war und ist ein reicher Mann, der viel Zeit in seinem Unternehmen verbrachte und für den Sohn kaum Zeit hatte. Herr E. wurde sehr streng erzogen, er erhielt ganz wenig Taschengeld und war unter seinen Freunden jener, der kaum wo mitmachen konnte, weil er kein Geld hatte. Schon in seiner Kindheit wurde er angehalten zu arbeiten und Geld zu verdienen; die Erinnerung an seine Jugend ist schmerzlich. Wenn der Vater den Sohn traf, was meistens nur an Sonntagen beim gemeinsamen Mittagessen der Fall war, interessierte den Vater nur, was der Sohn an Leistung erbracht hat. Herr E. erinnert sich sogar an den Wortlaut, der auf immer gleiche Weise gestellten Fragen: „Nun, mein Sohn, ist es dir endlich gelungen, das Feuerwehrauto zusammenzubauen? Nur sehr dumme Menschen schaffen so etwas nicht." Wenn Herr E. krank war, meinte der Vater, es sei ein Zeichen von Schwäche und er wünsche sich, dass „sein Sohn weniger verweichlicht mit dem Kranksein umgehe; nur Versager würden krank im Bett liegen".*

*Herr E. sagte in der psychologischen Therapie, dass es ihm schon genügen würde, wenn der Vater einsehe, dass er ihm in der Jugend das Leben schwermachte, dass es dem Sohn an Vaterliebe fehlte und er seinetwegen eine so traurige Kindheit und Jugend hatte. Aber der Vater weise ihn immer darauf hin, was er alles für die Familie geleistet hätte und dass er ja den ganzen Reichtum nur für seinen Sohn angesammelt hätte.*

*Gemeinsam mit einer Psychologin wird ein Konzept erarbeitet, wie Herr E. von dem Wunsch, dass sein Vater sein Verhalten ändert, loslassen kann. Er übernimmt das Unternehmen nicht, es wird nach dem Tod des Vaters verkauft. Herr E. hat seinem Vater verziehen, eine Versöhnung gab es nicht.*

Die moderne Hirnforschung zeigt uns Vorgänge in unserem Gehirn auf, die uns dabei helfen, neue Verhaltensweisen in unser Leben aufzunehmen. Vieles lässt sich heute besser erklären und verstehen, zum Beispiel dass wir alte Verhaltensmuster, die unser Leben stören, ablegen können. „Wie kann ich denn daran glauben, dass ich mich ändern kann, wenn es mir bis jetzt noch nie gelungen ist?", wird sich manche/mancher fragen.

Hier helfen uns die Theoretiker der Quantenphysik weiter. Sie beweisen mit ihren Thesen, dass das Unvorstellbare Realität werden kann. Mit der Quantentheorie kann der Mensch erstmals die Grenzen des eigenen Denkens hinter sich lassen, sagen sie. Unser Weltbild muss grundlegend anders gesehen werden: Die Hypothese von den Quanten zeigt, dass an der kausalen Theorie der Welt nicht mehr festgehalten werden kann. Die Quantentheorie bricht mit althergebrachtem Denken. Die Grenzen unserer Vorstellungen, nämlich dass zum Beispiel etwas entweder Welle oder Teilchen ist, kann nun überschritten werden. Die Quantentheorie zeigt unwiderruflich auf, dass Licht unter bestimmten Umständen, je nachdem wie wir das Licht beobachten, entweder Teil oder Welle ist.

Was wir daraus lernen können, ist, dass es unsere Wahrnehmung ist, unsere Beobachtung, die das bestimmt, was wir für wahr halten. Die Quantenphysik gibt es, darüber besteht kein

Zweifel, sagen selbst die größten Zweifler, sie entzieht sich aber dem sich Grenzen setzenden Verstand. Schon Albert Einstein sagte: *„Die wichtigsten Probleme in unserem Leben können wir nicht auf dem Erkenntnisstand lösen, als wir sie schufen".*

Wer sich von falschen Verhaltensweisen trennen will, hat es heute leichter, denn die moderne Hirnforschung zeigt uns auf, wie wir in unser limbisches System – den Hirnteil, in dem unsere Erfahrungen gespeichert sind – hineinwirken können. Falsch wäre es gegen Verhaltensweisen anzukämpfen, die einmal aus kindlicher „Not" heraus richtig waren. Das würde sogar das Gegenteil bewirken.

Je mehr Energie wir verwenden, um die Veränderung zu erzwingen („Ich muss!"), desto mehr wird jener Teil in uns, der auf Erhaltung des Gewohnten und daher Bewährten ausgerichtet ist, Energie aufwenden, um eine Veränderung zu verhindern.

Unser Verhalten – zum Beispiel sich kleinzumachen, lieber nichts zu sagen usw. – war ja, als wir ein Kind waren, der beste Weg, um die Zuneigung von Mutter, Vater oder Bezugsperson zu erhalten. Kindliche Überlebensstrategien sind fest in unserem limbischen System eingebaut, es sind Erfahrungen, die multicodiert abgelegt sind und die uns steuern, wenn wir glauben „in Gefahr" zu sein. Wir können dann nicht ermessen, dass wir ja Erwachsene sind; wir verhalten uns, wie das Kind von damals.

**Fallbeispiel**

*Herr Dr. B., 50, ein erfolgreicher Rechtsanwalt, vermeidet jede Situation, jedes Fest, wo er befürchtet, er müsse bei Tisch sitzen und aus einer Tasse trinken, also zum Beispiel eine Einladung zu einer Weihnachtsjause, wo Tee und Kaffee gereicht werden.*

*Schließlich, als sein 50. Geburtstag gefeiert werden soll, sucht er eine Psychologin auf. Er kann zunächst nicht sagen, warum er solche Angst vor der Teetasse hat. Er trinke prinzipiell nur aus Wassergläsern, sagt er, und das am liebsten, wenn er alleine ist. Die Psychologin bittet ihn, Fotos aus seiner Kindheit zu bringen, diese werden in den jeweiligen Sitzungen gemein-*

*sam angeschaut. Herr Dr. B. erzählt jeweils, woran er sich er-*
*innert. Es stellt sich heraus, dass er sehr lieblose Eltern hatte.*
*Von seiner Mutter wurde er für jede Ungeschicklichkeit sehr*
*beschimpft und immer wieder auch geschlagen. Sein Vater hat-*
*te nie Zeit für ihn, er ist auch auf den Fotos kaum zu sehen.*
*Herr Dr. B. erzählt, der Vater sei Arzt gewesen, und er wisse*
*auch, dass dieser immer Freundinnen hatte. Deswegen sei seine*
*Mutter auch so oft traurig oder zornig gewesen. Die Psycho-*
*login fragte, ob es ihm recht wäre, wenn sie – während sie die*
*Fotos anschauen – Tee bereitstelle; er müsse ihn nicht trinken,*
*sie würde eigentlich darauf überhaupt nicht achten und sollte*
*er den Tee verschütten, wäre das auch egal. Bei diesem Satz*
*beginnt Herr Dr. B. zu zittern, er unterdrückt mit Müh und*
*Not sein Weinen. In den folgenden Therapieschritten gelingt*
*es, eine Erinnerung wachzurufen. Herr Dr. B. glaubt, etwa fünf*
*Jahre alt gewesen zu sein, es wäre Besuch mit Kindern da gewe-*
*sen, ihm sei die Kakaotasse aus der Hand gefallen, sein weißes*
*Hemdchen hätte ganz fürchterlich ausgesehen, er hätte sich so*
*geschämt. Die Kinder hätten sehr gelacht und seine Mutter hät-*
*te ihm eine Ohrfeige gegeben und ihm das Hemdchen, grob an*
*ihm herumreißend, ausgezogen – vor allen Kindern.*
   *In weiteren Therapieschritten wird diese seelische Wunde*
*zum Abheilen gebracht.*

An diesem Fallbeispiel lässt sich erkennen, wie die Seele an einem ein Verhalten festhält, um Schmerz zu vermeiden. Kinder im
Alter bis zu vier Jahren, können ihre Gefühle noch nicht so gut
ausdrücken, es fehlt die Fähigkeit, Gedanken und Vorstellungen
zu verbalisieren. In dieser Zeit ist das Kind sehr abhängig von
Mutter, Vater oder Bezugsperson, allen voran der Mutter. Wenn
in dieser Zeit seelische Verletzungen zugefügt werden, wirkt sich
das auf das Voranschreiten der Ich-Entwicklung negativ aus.
   Nur wer in der Lage ist, Grenzen hinter sich zu lassen, seinen
Imaginationen freien Raum lässt und auch bereit ist, vermeint-
lich Unvorstellbares als möglich zu empfinden, wird Verständnis
für das logisch nicht Verstehbare entwickeln, zum Beispiel dass

jeder Mensch die Kraft in sich trägt, auch schwere Kindheitserfahrungen hinter sich zu lassen oder jederzeit über sich hinauszuwachsen.

Die Gesetze der Physik gelten nicht mehr, alles was ist, was sich uns als Wirklichkeit offenbart, scheint nur eine mögliche Realität unter vielen möglichen Realitäten zu sein.

## NARRATION – DAS HEILENDE ERZÄHLEN

*„Wir brauchen nicht so fortzuleben, wie wir gestern gelebt haben. Machen wir uns von dieser Anschauung los, und tausend Möglichkeiten laden uns zu neuem Leben ein."* (Christian Morgenstern)

Als Kleinkind konnten die meisten das noch gut. Sie bemühten sich, alles, was sie empfanden, auszudrücken, anfangs mit unverständlichem Lallen, später mit unzusammenhängenden Sätzen. Wenn Sie nie erhört, gehört, verstanden wurden, haben Sie das Erzählen über die Bilder Ihrer inneren Welt schließlich verlernt. Ein Glück für jeden Menschen, wenn er in den ersten Jahren seines Lebens „zu Wort gekommen" ist.

Wenn wir etwas erzählen, schaffen wir wichtige Strukturen, die unsere Erfahrungen ordnen, sodass wir unsere Positionen erkennen, „durchs Reden kommen die Leut' z'samm", heißt ein alter Spruch, der wahrer nicht sein kann.

Wo wir sprachlos bleiben, vor Angst, vor Schmerz, vor Entsetzen, vor Verwirrung oder weil wir nicht zu Wort kommen (dürfen), leidet unsere Seele. Wir fühlen uns entwertet, unwichtig, wenn uns keiner zuhört. Wer schon in früher Kindheit die Erfahrung machen musste, dass keiner hören will, wenn man etwas zu sagen hatte, wird irgendwann sowohl äußerlich als auch innerlich verstummen. „Mir fehlen die Worte", sagt man, um auszudrücken, wie erschüttert man ist.

Seine eigene Geschichte erzählen ist ein bedeutender Schritt zum Selbstverständnis und wer sich selbst zu verstehen lernt, wer seine Biografie überblicken kann, in seine Kindheit hineinschauen kann, kann sich neue Wege bauen, sein Leben zu gestalten.

*„Du bist so jung wie deine Zuversicht, so alt wie deine Zweifel, so jung wie deine Hoffnung, so alt wie deine Verzagtheit."*
(Albert Schweitzer)

## ÜBER DEN EIGENEN SCHATTEN SPRINGEN

Auch wenn Sie aufgrund Ihrer Kindheitserfahrungen wenig an sich glauben oder ständig an sich zweifeln, können Sie Ihre Selbstsicherheit ausbauen und erweitern. Das gelingt, wenn man bewusst den Bereich verlässt, in dem man sicher agieren kann. Wer seine Selbstsicherheit stärken will, braucht den Mut, sich selbst neu auszuprobieren und über den eigenen Schatten zu springen, also seine Grenzen zu erweitern.

Probieren Sie Dinge aus, die Ihrer Ansicht nach überhaupt nicht Ihrer Persönlichkeit entsprechen. Melden Sie sich zum Beispiel für eine Rede bei einem Geburtstagsfest einer Freundin. Sie lernen durch neue Erfahrungen Ihren Aktionsradius und Facettenreichtum im Umgang mit anderen zu erweitern.

## NUR DAS BESTE VON SICH HALTEN

Ihr Satz für ein glückliches Leben und eine gesunde Seele: In jedem Alter ist man **zwei in einem**, die Person, für die man sich hält, und die Person, für die andere einen halten. Halten Sie sich für einen liebenswerten Menschen, egal wie alt Sie sind.

## DEN ROTEN FADEN FINDEN

Stellen Sie sich die folgenden Fragen, so als würden Sie ein Interview mit jemandem führen. Bitte schreiben Sie die Antworten auf die Fragen der Reihenfolge nach auf, antworten Sie in ganzen Sätzen so ausführlich wie möglich und lesen Sie keine Frage vor einer anderen. Lassen Sie sich die Zeit, die Sie brauchen, aber antworten Sie spontan und korrigieren Sie auf keinen Fall im Nachhinein.

1. Als Sie etwa fünf Jahre alt waren, was war Ihr Lieblingsspiel?
2. Welches Erlebnis ist die schönste Erinnerung an Ihre Kindheit?
3. Welches war Ihr Lieblingsbuch?
4. Was gab den Impuls, sich für jemanden einzusetzen?
5. Beschreiben Sie einen Menschen, der Ihnen gefällt?
6. Wenn Sie sich mit Ihrer Lebensgeschichte auseinandersetzen, was berührt und bewegt Sie am meisten?
7. Wenn Sie einem anderen Menschen Ziele im Leben empfehlen sollen, welche drei würden Sie als die wichtigsten bezeichnen?
8. Gibt es eine Person, die Sie bewundern? Wenn ja, warum?
9. Welche Rituale pflegen Sie?
10. Worüber können Sie sich so richtig ärgern oder aufregen?
11. Worüber haben Sie zuletzt so richtig herzlich gelacht?
12. Was war der glücklichste Moment Ihres Lebens?
13. Welches Erlebnis eröffnete Ihnen eine neue Weltsicht?
14. Wo ist Ihr Lieblingsort und warum sind Sie dort so gerne?
15. Wenn Sie wieder in die Schule gehen könnten, würden Sie alles viel ernster nehmen oder mehr Spaß haben wollen?
16. Welche Jugendträume wurden nicht erfüllt?
17. Ihre Mutter sagte immer …?
18. Denken Sie an beendete Freundschaften in Ihrem Leben. Welche hätten Sie gerne weitergeführt? Was, glauben Sie, hätten diese Freunde in Ihrem Leben verändert?
19. Gibt es Situationen in Ihrem Leben, in denen Sie sich wie ein Kind benehmen? Wenn ja, wie alt ist dieses Kind, mit dem Sie sich da identifizieren? Beschreiben Sie dieses Kind genau. Überlegen Sie, wie Sie sich als Kind in diesem Alter verhalten haben, welche Probleme, Sorgen, Konflikte bedrückten Sie zu dieser Zeit Ihrer Kindheit? Wie halfen Sie sich, wenn Sie sich so fühlten, wer war in dieser Zeit wichtig für Sie, wer verhinderte, dass Sie tun konnten, was Sie wollten?

20. Aus heutiger Sicht, wie hätten Sie sich verhalten, wenn Sie Ihre Mutter gewesen wären?
21. Erinnern Sie sich noch an Ihre ersten Schuhe? Welche Erinnerungen sind das?
22. Welcher rote Faden zieht sich durch Ihr Leben?
23. Gibt es einen Zusammenhang zwischen Ihren aktuellen Verhaltensweisen (sowohl jenen, die Sie an sich mögen, als auch jenen, die Sie stören und die Sie gerne loswerden möchten) und Ihren Kindheitserfahrungen?
24. Wenn Sie jetzt alle Fragen beantwortet haben, überlegen Sie, ob es etwas gibt, was Sie nicht aufschreiben konnten, obwohl Sie sich daran erinnerten. Gibt es etwas, wofür Sie sich so schämen, dass Sie die Erinnerung daran unbedingt vermeiden wollen? Wenn ja, zeichnen Sie ein Symbol für diese Erinnerung.
25. Gibt es eine Frage, die Sie gerne gefragt worden wären? Wenn ja, stellen Sie sich diese jetzt und beantworten Sie diese.

Legen Sie nun die beschriebenen Blätter vor sich auf – wenn es viele sind, auf dem Boden. Wichtig ist, dass Sie diese der Reihenfolge nach in einem Rechteck auflegen. Beginnen Sie links oben und legen Sie die Blätter von links nach rechts in diese Reihe. Dann legen Sie die nächsten Blätter in die zweite Reihe, wieder von links nach rechts. Enden Sie dann in der letzten Reihe rechts unten.

Betrachten Sie nun diese vollbeschriebenen Blätter aus der Perspektive, wie Sie ein Bild anschauen. Wie bewerten Sie das Bild?

Gehen Sie nun an die einzelnen Blätter heran. Schauen Sie sich Ihre Schrift an, welches Gesamtbild ergibt sich daraus? Sieht es geordnet aus? Ist etwas durchgestrichen, wie viel wurde im Nachhinein ergänzt und hinzugefügt? Haben Sie alle Fragen beantwortet? Gab es welche, wo Ihnen das Antworten schwerfiel? Wenn ja, hätten Sie gerne jemanden dabei gehabt, der Ihnen dabei hilft? Wen?

Zählen Sie nun alle Wortwiederholungen. Achten Sie im Speziellen auf folgende Wörter: will, wollte, kann, können, konnte, muss, müssen, soll, sollen, ich, Mutter, Vater, Großvater, Großmutter (bzw. auch auf jene Wörter, die Sie dafür verwenden, zum Beispiel Mama oder Papa).

Jetzt können Sie einen roten Faden erkennen: Welche Wörter wurden am meisten verwendet? Was bedeuten diese, wenn Sie sie aus dem Zusammenhang nehmen?

Lassen Sie ein Woche vergehen und gehen Sie dann die Fragen und Ihre Antworten noch einmal durch. Ersetzen Sie die Wörter die mit „müssen" zu tun haben mit den Wortgruppen „können, wollen, werden". Entfernen Sie nun alle Konjunktive aus Ihren Antworten: Ersetzen Sie alle Sätze mit „Ich hätte …", „Wäre ich …" usw. durch Antworten, die beschreiben, was Sie jetzt machen wollen („Ich will …", „Ich möchte …", „Ich werde …").

## VIER WEGE, SCHMERZENDE VERHALTENSWEISEN DER KINDHEIT HINTER SICH ZU LASSEN

### 1. Sich erinnern

Rufen Sie sich Ihre Kindheit in Erinnerung. Holen Sie die Fotos aus dieser Zeit heraus und schauen Sie sich mit den Augen der Person, die Sie jetzt sind, an. Gehen Sie in Gedanken in diese Zeit hinein.

Stellen Sie sich zu jenen Fotos, die Episoden darstellen, die Sie in irgendeiner Weise berühren, Fragen, wie zum Beispiel „Wie habe ich mich damals gefühlt, was hat man mir damals als wichtig vorgegeben, wofür wurde ich gelobt, wofür beschimpft oder bestraft, wie habe ich darauf reagiert, wer liebte mich in dieser Zeit?" usw. Beschreiben Sie genau, wie sich damals gefühlt haben. Achten Sie auch auf Gefühle, die Wunden zurückgelassen haben, solche, die heute noch weh tun, und prüfen Sie, wieso diese noch immer schmerzen. Kann es nicht vielleicht egal sein, was Ihre Mutter damals zu Ihnen sagte; ist es heute noch wichtig, ob Ihr Vater Sie damals weniger liebte als Ihren Bruder? Beschreiben Sie auch, wie Sie mit Wut und Zorn umgegangen sind und prüfen Sie, ob Sie auch heute als erwachsene Person so reagieren wie damals, wie ein Kind eben.

Die Erinnerungsarbeit hilft Ihnen, Ihre Bedürfnisse auszudrücken, die Manipulationen von damals zu erkennen und in der Folge sich zu wehren, sollte Ihnen Ähnliches in der Gegenwart passieren.

Legen Sie sich dann Fotos der Gegenwart zu den Fotos der Kindheit und machen Sie sich bewusst, dass der erwachsene Mensch, der Sie jetzt sind, auf alle Situationen anders reagieren kann. Beschreiben Sie, am besten im Gespräch mit einer anderen Person, wie Sie es jetzt besser machen können, dass Sie frei sind von den Verhaltensweisen, die zwar damals, als Sie so klein waren, der einzige Weg waren, mit Herausforderungen umzugehen, dass Ihnen aber heute viele Möglichkeiten des Reagierens und Besser-Agierens offenstehen.

## 2. Verteilen der Schuld

Verteilen Sie die Schuld und Verantwortung Ihre ersten sieben Jahre betreffend komplett auf andere. Kein Kind braucht und kann Verantwortung für sich übernehmen, auch nicht, was die ersten Schulleistungen betrifft! Lassen Sie sich von niemandem gefallen, Ihnen egal wofür aus dieser Zeit Vorwürfe zu machen. Sie sind dafür nicht verantwortlich!

Schauen Sie die Realität des erlittenen Unrechts genau an. Ein Kind in diesem Alter ist unschuldig, egal was es tut, es hätte Hilfe und Unterstützung zum Aufbau eines Wertesystems gebraucht, das es leitet. Lassen Sie die Gefühle, die dabei hochkommen zu, analysieren Sie, welche Gefühle es waren, was dominierte. Angst? Wut? Hilflosigkeit? Prüfen Sie auch, wann und aus welchem Grund Sie sich glücklich, gut und stark gefühlt haben und warum.

## 3. Phasen der Mutlosigkeit, Hoffnungslosigkeit und Freudlosigkeit erkennen und richtig deuten

Nehmen Sie die Realität jener Phasen der Kindheit wahr, in denen Sie nicht bekommen haben, was Sie dringend gebraucht hätten, zum Beispiel Trost, Zuspruch, Freude, Hoffnung usw. Welche Sehnsüchte und Bedürfnisse hatten Sie und wurden weder verstanden noch erhört? Machen Sie sich darüber ein klares Bild – und sagen Sie sich den Satz: „So war es! Die Erinnerung daran ist genau so, wie sie ist!" Wer klar auf seine Vergangenheit blickt und seine Werdensgeschichte versteht, findet Kraft, sich im Heute zu holen, was sie/er jetzt, also als erwachsener Mensch, braucht.

**4. Die Wirklichkeit der eigenen Person wahrnehmen**
Stellen Sie sich die Frage: „Wie, wer, was hätte ich unter günstigeren Umständen werden können?". Schreiben Sie das gut übersichtlich auf. Überlegen Sie nun, was sich davon jetzt noch verwirklichen lässt. Wer könnte Sie dabei unterstützen? Fragen Sie sich auch immer, ob Sie das jetzt noch wirklich wollen, und jene Wünsche, die nicht realisierbar sind, lassen Sie los. Lassen Sie die Trauer darüber zu. Es bleibt ein Leben lang traurig, wenn Sie zum Beispiel gerne studiert hätten und es nicht konnten, weil die Umstände es Ihnen nicht ermöglichten. Ein Leben ohne Traurigkeit ist noch nicht erfunden. Traurig sein können ist ein Zeichen einer gesunden Seele. Die Traurigkeit ist die Schwester des Mutes. Wer gut mit ihr umgeht, findet den Mut, Neues zu beginnen. Denken Sie daran, dass in dem Wort Trauer das Wort trauen enthalten ist.

## ZWEI MUTMACH-WEGE

**1. Das Licht auf die guten Erlebnisse richten**
Stellen Sie sich vor, sie hätten eine Lampe, die einen besonders schönen orangefarbenen Lichtstrahl aussendet. Mit dieser Lampe betrachten Sie nun Ihren „inneren Kritiker" und fokussieren das, was Ihnen in Ihrem Leben gut gelungen ist. Auch Begebenheiten, die Sie bis jetzt als „Ich habe versagt" bewertet haben, schauen Sie nun mit diesem schönen Lichtstrahl aus jener Perspektive an, wo erhellt wird, was Ihnen **trotzdem** gelungen ist. Zum Beispiel könnte jemand, dessen Beziehung gescheitert ist,

damit aufhören, sich kleinzumachen und sich als Versager/in zu sehen, sie/er kann sich fragen: „Was habe ich daraus gelernt, was werde ich ab jetzt anders machen, was ist mir trotzdem eigentlich gut gelungen?"

Der „innere Kritiker" beginnt sich ab dem etwa zweiten Lebensjahr zu entwickeln und spricht mit den Stimmen von Mutter, Vater oder Bezugspersonen aus Ihren Kindheitstagen zu Ihnen. Er richtet den Fokus auf unsere Schwächen und Fehler, erinnert uns immer wieder an Situationen, die uns tief beschämten und macht uns Angst; er geht von unserem Kindheits-Ich aus und zeigt uns nicht, dass wir erwachsen geworden sind und mit Herausforderungen der Gegenwart anders umgehen können.

Wenn uns jemand zum Beispiel einen Wunsch nicht erfüllt, müssen wir nicht trotzig reagieren, wir können uns den Wunsch in anderer Weise selbst erfüllen. Nicht für alles im Erwachsenenleben braucht man einen anderen Menschen; das unterscheidet uns eben von Kindern. Der „innere Kritiker" hat die Fähigkeit, den Prozess des Wachstums und des Bewusstseins in uns zu stoppen. Viele von uns sind sich gar nicht bewusst, dass sie diesen „inneren Kritiker" haben, dass ihnen noch immer Stimmen zuflüstern: „Dafür bist du zu dumm, das darfst du nicht" usw.

## 2. Leeren Sie den Rucksack voller Steine

Viele Menschen merken gar nicht mehr, dass sie unentwegt mit einem Rucksack voller unnützer Steine durchs Leben gehen. Sie verhalten sich so angepasst, weil sie sich bereits seit der Kindheit damit abgefunden haben. Sie haben sich so an die Anstrengung gewöhnt, dass sie oft gar nicht merken, wie erschöpft sie sind. Sie wissen einfach nicht, dass sie diesen vollen Rucksack schleppen, bis sie jemanden treffen, der sie darauf aufmerksam macht. „Warum machst du dir das Leben so schwer? Hast du dich je gefragt, was wäre, wenn du einfach deine Wohnung weniger genau putzen würdest, wenn du dir Ruhe und Entspannung gönnst, auch wenn die Wäsche noch nicht weggeräumt ist, wenn das Auto noch nicht gewaschen ist, wenn du nicht der beste Sportler, die am besten angezogene Frau, der perfekteste

Mensch sein musst, wenn du nicht ...?" „Wäre dann dein Leben nicht viel schöner, leichter, genussvoller?"

Diesen Rucksack haben sich Menschen auf ihren Rücken geladen bzw. laden lassen, als sie noch sehr klein und noch sehr verletzlich und unsicher waren. Sie wollten ihren Eltern gefallen, wollten Anerkennung und Liebe bekommen. Sie konnten sich gegen die „Verurteilungen" der für sie so wichtigen Personen nicht wehren und konnten nicht selbstbestimmt über ihr Leben über ihr Verhalten bestimmen. Wir Menschen wollen ja gerne alles richtig machen und weil wir in unserer Entwicklung von Liebe so abhängig sind, wollen wir, um die geliebten Menschen nicht zu verlieren, von Anfang an alles so machen, dass es der Kritik standhält. Diese Werte haben sich tief in unsere Seele eingeschrieben und steuern uns so lange, bis wir den Rucksack mit diesen „Alte-Werte-Steinen" leeren.

*„Etwas Wunderbares ist mir begegnet. Ich wurde entzückt bis in den siebenten Himmel. Hier saßen versammelt alle Götter.*

*Aus besonderer Gnade wurde mir die Gunst gewährt, einen Wunsch zu äußern.*

*Willst du, sagte Merkur, willst du Jugend haben, oder Schönheit, oder Macht, oder ein langes Leben, oder die schönste Jungfrau, oder eine andre von den vielen Herrlichkeiten, die wir hier in der Kramkiste haben: so wähle, aber nur eine.*

*Eine Zeitlang war ich um Antwort verlegen; darauf wandte ich mich an die Götter mit diesen Worten: Höchstgeehrte Mitlebende, ich wähle eines, dass ich nämlich immer die Lacher auf meiner Seite haben möge.*

*Kein einziger der Götter erwiderte ein Wort, dagegen brachen sie alle in Gelächter aus. Hieraus schloss ich, dass mein Wunsch erfüllt sei, und fand, dass die Götter sich mit Geschmack auszudrücken wüssten: Denn das wäre doch unpassend gewesen, in ernsthaftem Tone zu antworten: Es ist dir bewilligt!"* (Søren Kierkegaard)

## IDEEN, WIE SIE IHRE RESSOURCEN ENTDECKEN KÖNNEN

Schaffen Sie sich ein neues Bild von sich. Betrachten Sie Ihre Vergangenheit nicht als eine Zeit des Versagens, Pech-gehabt-Habens, Unglücklichseins, sondern als eine Quelle von vielfältigen Erfahrungen. Vermeiden Sie, Ihre Kindheit als Ursprung aller Probleme zu sehen. Schaffen Sie sich ein Bild von dem Weg, den Sie bisher gegangen sind, Ihre Kindheit eingeschlossen, ein Weg, der aus irgendeinem Grund für Sie der richtige war. Suchen Sie danach, was Sie trotzdem richtig gemacht haben, was gelungen ist.

Stellen Sie sich die Frage: „Was soll so bleiben, wie es ist?" und fertigen Sie eine Liste darüber an. Wenn Ihnen das zu schwer fällt, versuchen Sie es mit der Hilfe von Freunden; wenn auch das nicht gelingt, gehen Sie zu einer Psychologin/einem Psychologen, die/der lösungsorientierte Methoden anbietet und aus der Perspektive der Positiven Psychologie arbeitet.

Das sind auch die Methoden und Konzepte, die in diesem Buch angewendet werden. Das Buch soll Sie positiv stimmen und Ihnen Ihre noch unentdeckten Ressourcen und Möglichkeiten aufzeigen.

## RICHTIGER ZEITPUNKT

Begründen Sie, warum jetzt genau die richtige Zeit ist, um sich von ungeliebten Gewohnheiten und ungünstigen Verhaltensweisen zu verabschieden und mit einem Leben voller Lebenslust und Freude zu beginnen.

Bauen Sie sich mental eine Taste „Autokorrektur" ein, sozusagen ein Fehlerbehebungsprogramm. Fehler sind alltägliche Ereignisse und aus Fehlern lernen wir. So gesehen sind sie eine Kraftquelle für die Veränderungen im Leben.

## TEMPO REDUZIEREN

Runter vom Gas. Wer sicher unterwegs sein will, fährt etwas langsamer. Lang eingeübte Verhaltensweisen lassen sich manchmal nur im verringerten Tempo abbauen. Wer eine enge Kurve zu schnell fährt, kommt ins Schleudern. Denken Sie an das Motto „Gut Ding braucht Weile".

## LEBEN IM JETZT

Jeder Anfang kann nur im **Jetzt** beginnen. Nur wer die Kunst des Lebens im Augenblick lernt, kann neu beginnen. Achten Sie auf Ihre Gespräche mit sich selbst. Diese inneren Stimmen, inneren Dialoge setzen sich aus verschiedenen Persönlichkeitsanteilen zusammen. Wer diese Dialoge mit sich selbst einmal aufmerksam belauscht, wird merken, dass es Stimmen sind, die ganz spezielle Aufgaben erfüllen. Da gibt es die Kämpferin, den Aufpasser, viele Kritiker, aber manchmal auch Hofnarren, Angsthasen usw. Wer seine inneren Gesprächspartner kennt, kann sie steuern und für gute Lebenstipps nutzen.

Je klarer Sie erkennen, was die eigentliche Absicht der Stimme in Ihnen ist, desto besser können Sie beurteilen, ob Sie bestärkt oder geschwächt werden. So können zum Beispiel die inneren Kritiker einerseits davor schützen, dass wir uns lächerlich machen oder uns hervortun, wo wir keine Kompetenz haben, aber sie können uns auch in unserer Kreativität einschränken, können uns Angst machen, können uns wichtige Entwicklungsschritte erschweren. Wer zum Beispiel in seiner Kindheit nie Liebe erfahren hat, die von Leistung unabhängig war, wird innere Warnungen vor der Liebe hören, wenn seine Leistungsfähigkeit eingeschränkt ist. Es gelingt dann nur schwer, zwischenmenschliche Beziehungen nicht unter einem Kosten-Nutzen- bzw. Was-bin-ich-wert-Aspekt zu betrachten. So bleibt dann für romantische Gefühle oder tiefe Hingabe wenig Spielraum.

Wer negative Einflüsse der inneren Stimmen abstellen will,

zum Beispiel des inneren Lästerers, des Heruntermachers, der ständig an einem herumnörgelt und uns demotiviert, soll sich zunächst einmal diese unbewussten Prozesse bewusst machen. Stimmt das heute noch, ist das in diesem Augenblick Realität? Diese inneren Stimmen kommen aus der Kindheit, wo die Angst vor dem Ausgelachtwerden sehr groß war. Überlegen Sie sich Strategien, wie Sie diese Botschaften, also das, was Sie zu sich selbst sagen, so verändern können, dass es Sie stark macht. Wer mit sich unentwegt schimpft, kein gutes Haar an sich lässt, sich permanent Vorwürfe macht, warum sie/er dieses oder jenes nicht besser gemacht hat, und die Sätze aus der Kindheit wiederholt, setzt die Verletzungen von damals fort und schadet sich. Sprache schafft Wirklichkeit. Unser innerer Dialog ist eine Möglichkeit, Gefühle von Unsicherheit, ewige Selbstzweifel, nie endende Entmutigung, ja sogar Trotzhaltungen für immer aus dem Leben zu bannen.

Beginnen Sie mit kleinen Schritten, die Einstellung zu sich selbst positiv zu verändern. Machen Sie sich immer wieder klar, was Sie **heute**, in diesem Augenblick gerade, über sich denken und sprechen Sie so zu sich, wie Sie zu einem anderen Menschen in einer solchen Situation sprechen würden.

Schreiben Sie sich sogenannte Mantras auf, also eine Reihe von liebevollen und aufbauenden Gedanken, die das Wort „noch" enthalten. Zum Beispiel dort, wo Sie noch Zeit brauchen, um eine Verhaltensänderung in Ihr Leben einzubauen. Das Wörtchen „noch" ist ein Zauberwort. Wenn Sie etwas lernen wollen, dann sagen Sie anstatt „Ich kann das nicht" „Ich kann das noch nicht, ich habe Geduld mir und werde es lernen". So entstehen Zuversichtsgefühle, die Sie stärken. Das Wörtchen „noch" ist ein Mutmachwort, das auf magische Weise unser Hirn in Bezug auf Veränderungsmöglichkeiten aktiviert. Wer einen Satz mit dem Wort „noch" anreichert, sagt zu sich selbst, dass sie/er bereits auf dem richtigen Weg ist, das Leben positiv zu verändern. Jeder wird überrascht sein, wie Versagensgefühle mit dem Wörtchen „noch" weggezaubert werden.

Bemühen Sie sich, Verständnis für sich zu haben, also den Sinn von etwas zu erfassen. Verstehen ist ein wichtiger seelischer Vorgang, der uns hilft, etwas zu durchschauen, sich erklären zu können, warum man so denkt, so handelt, sich so verhält. Verstanden haben wir jemanden und auch uns selbst, wenn wir eine Begründung für unser Verhalten gefunden haben. Wer etwas verstanden hat, kann sich ein Bild machen und dieses Bild verändern, weil jedes Bild uns hilft, über den Verstand das Herz zu erreichen.

Franz Kafka, der große Schriftsteller, sagte: *„Suche nicht nach einem Hindernis. Vielleicht ist keines da."* Unsere Selbstgespräche bestimmen, welche Entscheidungen wir treffen, ob wir erfolgreich oder erfolglos sind. Sie leiten uns in Richtungen, die uns aufzeigen, wie wir an herausfordernde Situationen herangehen können, ob wir daran zerbrechen oder ob wir unser Leben meistern, unsere Möglichkeiten erkennen und nützen. Du kannst nur leben, wie du denkst, sagt uns die moderne Hirnforschung. Wer seine inneren Dialoge so steuert, dass viele Gefühle, Zuversicht, Liebe und Freude entstehen können, wird zur Meisterin, zum Meister seines Lebens werden.

## NEUE RAHMEN FÜR INNERE BILDER

Sehen Sie die Dinge des Lebens in einem anderen Rahmen. Stellen Sie sich vor, wie Sie die Bilder Ihrer Vergangenheit aus neuen Perspektiven betrachten, wie ein Bild, das man in einen neuen Rahmen stellt und das dann ganz anders wahrgenommen wird. Betrachten Sie zum Beispiel Mutter, Vater und die wichtigen Bezugspersonen Ihrer Kindheit aus der Sicht, wie deren Kindheit war, welche Kindheitserfahrungen zum Beispiel Ihre Mutter gemacht hat.

Auch gegenwärtige Krisen rahmen Sie neu ein. Scheinbar unüberwindbare Probleme kann man auch anders betrachten. Wer die Hoffnung nicht verliert, dass die Zukunft Besseres für ihn bereithält, wird von der Gegenwart nicht niedergedrückt. Wer akzeptiert, dass Veränderungen Teil des Lebens sind und die Umstände annimmt, die nicht zu ändern sind, kann das Augenmerk auf die Lebensumstände legen, die sich sehr wohl verändern lassen. Auch wenn die Gegenwart sehr schmerzvoll ist, sollte man sich fragen: Was war in der Vergangenheit ähnlich schwierig, wie bin ich damit umgegangen, wie erscheint dieses Ereignis heute?

## SICH SELBST NEU ENTDECKEN

Menschen lernen, wachsen und entwickeln sich durch die Anstrengung gemeisterter Krisen und Herausforderungen. Viele, die Tragödien erfahren hatten, berichteten von intensiveren Beziehungen, gewachsenem Selbstwertgefühl, entdeckter Spiritualität und innerer Kraft, von einer verstärkten Wertschätzung des Lebens dadurch, dass sie schwierige Lebensaufgaben gemeistert haben.

Jeder will Erfolg haben, also erfolgreich sein. Was aber ist denn eigentlich **Erfolg**? Erfolg bezieht sich auf ein Ziel, das einer Handlung folgen soll, also erfolgen soll. Wer Erfolg haben will, sollte unbedingt vorher genau das Ziel kennen und benennen können, das seinen Handlungen folgen soll. Wichtig dabei ist, dieses Ziel in einem Bild vor sich zu haben. Also zum Beispiel sich vorzustellen, Fenster und Türen zu öffnen, sodass dieses Ziel hereinkommen kann. Das geht natürlich nur, wenn man sein Ziel gut kennt. *„Der Langsamste, der sein Ziel nur nicht aus den Augen verliert, geht noch immer geschwinder als der, der ohne Ziel herumirrt"*, sagte Gotthold Ephraim Lessing.

Erfolg haben muss aber auf keinen Fall nur heißen, Karriere machen zu müssen; Erfolg haben, kann auch bedeuten, ohne Topposition ein glückliches und gutes Leben zu führen.

Wählen Sie Ihren ganz persönlichen Weg, mit dem Sie Ihren Erfolg erreichen wollen. Bestimmen Sie deutlich Ihr Ziel; was wollen Sie erreichen, welchen Erfolg wollen Sie haben? Sie erreichen Ihr Ziel am besten, wenn Sie innere Bilder – Visionen – davon entstehen lassen. Gut ist es, wenn Sie ein solches Ziel aufzeichnen, sodass Sie es jederzeit deutlich vor Ihren Augen haben. Die inneren Bilder sind quasi Verstärker, die zukünftiges Erfolgsverhalten möglich machen. Diese inneren Bilder wirken aktivierend.

*„Der höchste Lohn für unsere Bemühungen ist nicht das, was wir dafür bekommen, sondern das, was wir dadurch werden."* (John Ruskin)

Ihr Ziel kann ein leistungsbezogenes Ziel oder aber auch ein entspannungsbezogenes Ziel sein. Immer hängt Erfolg von drei Faktoren ab: erstens vom „Leistungsmotiv" (Was bin ich bereit einzubringen, welche Kapazitäten habe ich?), zweitens von der „Erfolgswahrscheinlichkeit" (Wie sehr glaube ich daran, mein Ziel erreichen zu können?) und drittens vom „Verstärkungswert" meines ganz persönlichen Erfolgs, das bedeutet, je stärker die Anstrengung war, den Erfolg zu erreichen, desto höher ist der Verstärkungswert, also desto grandioser ist das Erfolgserlebnis und das Glücksgefühl. *„Auf die Absicht aller Dinge, nicht auf den Erfolg blickt der Weise."* (Seneca)

Keine Angst vor Hindernissen! Lassen Sie sich von Leonardo da Vinci leiten, der sagte: *„Hindernisse können mich nicht aufhalten; Entschlossenheit bringt jedes Hindernis zu Fall"*. Je größer ein solches Hindernis, desto stärker das Erfolgserlebnis, nachdem es überwunden ist.

Lassen Sie andere Meinungen zu. Verstärken Sie Ihre Sozialkompetenz. Mutter Teresa sagte: *„Lass nie zu, dass du jemandem begegnest, der nicht nach der Begegnung mit dir glücklicher ist."* Auch so kann sich Erfolg zeigen. Mit Menschen richtig umzugehen, ist ein Königsweg zum Erfolg. Zeigen Sie Interesse an dem, was Ihnen jemand sagen will. Viele Male überhören wir wichtige Hinweise, die zu einem erfolgreichen, also glücklichen Leben führen können.

Bauen Sie in jeden Tag eine kleine Portion Erfolgsglück ein. Das **Erfolgsglück** ist ein ganz besonderes Glück, es unterscheidet sich von allen andern Glücksarten dadurch, dass es durch eine vorhergegangene kleine Anstrengung entsteht. Suchen Sie für jeden

Tag eine winzige Herausforderung, für die Sie sich anstrengen müssen. So gelingt es Ihnen, den Erfolg in Ihr Leben hineinzulocken. Das kann zum Beispiel für manche eine Turnübung täglich sein, die zur Gesundheit und sportlichen Ertüchtigung beiträgt, für einen anderen ist es die kalte Dusche am Morgen, um den Tag mit „kühlem Kopf" und frisch zu beginnen usw. Seien Sie hier kreativ. Wichtig ist, dass Sie es als eine kleine Anstrengung erleben, dann stellt sich das keine Erfolgsglück ein.

## ES IST, WIE ES IST

*„Ich will Euch mein Erfolgsgeheimnis verraten: Meine ganze Kraft ist nichts anderes als Ausdauer."* (Louis Pasteur)

Durchleuchten Sie eine Entscheidung, die Sie in der Vergangenheit getroffen haben nach allen Kriterien, die zu der Entscheidung geführt haben. Analysieren Sie, wie viel Unbewusstes Ihre Entscheidung beeinflusste. Worauf war das zurückzuführen? Sie werden eine Reihe von Gedanken entdecken, die Sie beeinflusst haben, also Vorahnungen, die Sie leiteten.

*„Es gibt Regeln für das Glück: Denn für den Klugen ist nicht alles Zufall. Die Bemühung kann dem Glücke nachhelfen",* sagt Baltasar Gracián, der berühmte Prediger des 17. Jahrhunderts, über die Kunst des Lebens. Überlegen Sie, ob Sie Ihre Fähigkeiten gut einsetzen. Was könnten Sie neu in Ihr Leben aufnehmen, gibt es eine Sportart, die Sie lernen möchten oder träumen Sie schon lange davon, Ihre Begabung fürs Singen zu nützen? Vielleicht sagt Ihnen Ihre innere Stimme schon lange „Mach das doch!"

*„Ich glaube nicht an Zufall. Die Menschen, die in der Welt vorwärtskommen, sind die Menschen, die aufstehen und nach dem von ihnen benötigten Zufall Ausschau halten",* sagte Bernard Shaw. Nützen Sie Gelegenheiten, gehen Sie mit offenen Augen durchs Leben. Wer bereit ist, realistische Ziele zu entwickeln, anstatt sich Aufgaben zu stellen, die unerfüllbar erscheinen, wer die Opferrolle verlassen will und aktiv an seine Verhaltensänderungen herangeht, stärkt seine Selbstwirksamkeitsgefühle. Das

Verharren in der Opferrolle schwächt. Resiliente Menschen vertrauen darauf, Probleme lösen zu können. Wer quälende Bauchgefühle überwinden will, wer Stimmen aus der Kindheit abstellen will, die einem abwertende Sätze zuflüstern, halte sich vor Augen, dass diese Personen von damals die Macht über einen für immer verloren haben. Bewusst optimistisch zu denken, nach Beweisen zu suchen, warum etwas gelingen wird, fördert den Glauben, dass das Leben mehr Gutes als Schlechtes bringen wird. Es hilft, die eigenen Wünsche nicht aus den Augen zu verlieren.

## FÜR SICH SELBER SORGEN, DIE VERANTWORTUNG FÜR SICH ÜBERNEHMEN

Wer für sich selbst gut sorgt, übernimmt die Verantwortung für seine Lebensqualität. Es ist ein kindliches, falsches Verhalten zu erhoffen, dass ein anderer Mensch sich um die eigene Befindlichkeit kümmern soll. Natürlich ist es ein Zeichen von Fürsorglichkeit und Liebe, wenn ein anderer Mensch die Verantwortung für einen übernimmt, dies aber zu erwarten, macht abhängig und belebt falsche kindliche Verhaltensweisen. Besser ist es, aufmerksam gegenüber den eigenen Wünschen und Gefühlen zu sein, diese nach Machbarkeit abzuschätzen und Aktivitäten zu setzen, die mit Freude umgesetzt werden können.

Auch wer wie ein Kind immer andere Menschen um Rat und deren Meinung fragt, um eine Entscheidung zu treffen, schwächt seine Selbstsicherheit. Brauchen Sie wirklich andere, die Sie daran erinnern, dass Sie zum Zahnarzt gehen sollen, dass Sie dies und jenes erledigen sollen? Je mehr jemand Sicherheit bei anderen sucht, desto abhängiger macht sie/er sich auch vom Urteil anderer Menschen. Anerkennung ist ein Grundbedürfnis, das jeder Mensch von der Kindheit an hat. Steuern Sie das Maß nach Ihren Möglichkeiten.

*„Für seine Arbeit muss man Zustimmung suchen, aber niemals Beifall"*, sagt der große Denker und Philosoph Charles-Louis de Montesquieu. Beherzigen Sie diesen Rat, er steuert Ihre

Kommunikation in die richtige Richtung und stärkt Ihr Selbstbewusstsein.

Gut ist es, sich immer mehr ein Bild von sich selbst zu erschaffen, in dem man sich als Expertin/Experte für das eigene Leben sieht. Niemand weiß so gut wie Sie selbst, was Ihnen guttut, was Ihre Lebensqualität verbessern kann. Lernen Sie immer mehr, sich selbst zu vertrauen.

## NEIN SAGEN LERNEN

Nein zu sagen, bedeutet oft Überwindung. Sehen Sie es als eine Herausforderung. Wer sich mit dem Nein schwertut, hat oft Angst, abgelehnt zu werden oder als egoistisch dazustehen. Oder es besteht die Sorge, etwas zu versäumen oder als Einziger eine andere Meinung zu haben.

Üben Sie Neinsagen, indem Sie zunächst einmal zu sich selbst Nein sagen. Zum Beispiel: „Ich sollte jetzt bügeln." „Nein, es ist besser für dich, wenn du jetzt etwas anderes oder nichts tust."

Sagen Sie nur dann Nein, wenn Sie wirklich Nein meinen, und bleiben Sie dann konsequent dabei. Akzeptieren Sie, dass Sie zunächst die Gefühle Ihrer Kindheit im Bauch spüren werden, aber Sie sind jetzt kein Kind mehr, Sie sind erwachsen und gehen Ihren richtigen Weg.

Genießen Sie es, frei zu sein. Wer jeweils zwei Möglichkeiten hat, nämlich Ja oder Nein zu sagen, der fühlt sich unabhängig und frei. Ein gutes Gefühl für eine gesunde Seele.

## KONFLIKTE LÖSEN LERNEN

Konflikte lösen ist Ihre schwache Seite? Sie haben keine guten Erfahrungen aus Ihrer Kindheit mitnehmen können? Seien Sie bereit: Konflikte können Sie erschrecken, Konflikte sind Begegnungen mit Widersprüchen. Sie werden die Gefühle der Kindheit im Bauch spüren, vielleicht sogar der Hilflosigkeit. Beruhigen Sie sich mit dem Satz: „Dass es zu Konflikten kommt, ist eine normale Begebenheit zwischen Menschen." Überall dort, wo Menschen mit unterschiedlichen Meinungen, Plänen, Zielen, Bedürfnissen und Wertvorstellungen in Beziehung zueinander stehen, kommt es zu unterschiedlichen Wünschen und Erfordernissen, zu Missverständnissen und Einstellungen, die einen Konflikt auslösen können.

„In meiner Kindheit haben wir Konflikte nicht gut gelöst, ich lerne es jetzt." Ein Konflikt ist die Folge von unterschiedlichen Zielen und Meinungen und deswegen normal. „Ich will lernen, mit Konflikten umzugehen. Ich werde mir Verhaltensweisen von Menschen abschauen, bei denen mir gefällt, wie sie Konflikte lösen bzw. damit umgehen. Ich akzeptiere, dass es auch Konflikte gibt, die nicht gelöst werden können."

**Resümee:**
Konflikte gehören zum Leben, sie sind etwas ganz Normales. Nicht jeder Konflikt kann gelöst werden, auch das ist normal.

## ICH ERSCHAFFE MICH NEU: DER WILLE ZUM SCHLUSSSTRICH

Ihre aus der Kindheit unbewusst gespeicherten Glaubenssätze sind ein Spiegelbild Ihrer Autobahnen im Kopf. Sie erkennen Ihre inneren Glaubenssätze bei der Beantwortung alltäglicher Fragen. Wenn Sie zum Beispiel jemand fragt, ob Sie gerne Erfolg im Leben hätten, ob Sie gerne mehr Geld hätten, ob Sie gerne eine bedeutende Rolle in dem Unternehmen, in dem Sie arbeiten, spielen würden, werden Sie zunächst sagen „Ja, natürlich".

Aber wenn Sie jetzt in sich hineinfühlen, was Ihnen Ihr Glaubenssatz aus dem Unbewussten heraus in Form eines Bauchgefühls sagt, hört sich das vielleicht so an: „Das schaffst du nicht, die anderen sind besser."

Genauso wie die meisten Prozesse im Körper unbewusst und automatisch ablaufen, ohne dass man bewusst etwas dazu beiträgt, bestimmen tief im Unterbewusstsein verwurzelte Glaubenssätze unser Verhalten im Leben. Und ebenso wie Sie wieder gehen lernen, wenn Sie sich zum Beispiel den Fuß gebrochen haben, ist es möglich, die inneren Glaubenssätze, wenn sie sich ungünstig auswirken, neu zu gestalten. Überlegen Sie einmal, wo Sie etwas neu lernen könnten, wo Sie Veränderungen Ihrer Sicht auf sich selbst vornehmen können. Stimmt es wirklich, dass Sie zu klein, zu groß, zu ungeschickt, zu dumm, zu feig, zu langsam usw. für etwas sind? Welche Beweise gibt es denn, dass Sie all das sehr wohl können. Suchen Sie nie nach Beweisen, wieso etwas nicht geht, denn man findet bekanntlich meistens, wonach man sucht. Stellen Sie Ihre Fragen an sich selbst immer mit dem Ziel, Beweise dafür zu finden, dass etwas schon gehen kann.

Sie können davon ausgehen, dass Sie in der Gegenwart genau das haben, wovon Sie glauben, dass es richtig und gut für Sie ist. Solange Sie zum Beispiel über Geld, Erfolg, Glück usw. glauben, was Sie glauben, werden Sie immer die gleiche Autobahn im Kopf wählen, um dorthin zu kommen, und die führt eben nicht zu Ihrem gewünschten Ziel, sondern immer in die gleiche Sackgasse.

Solange Sie Angst haben, Veränderungen in Ihr Leben einzuführen, weil Ihnen in Ihrer Kindheit nie Mut gemacht wurde („Nur nichts verändern, es wird nur schlechter"), werden Sie immer nur das Gleiche erhalten wie bisher.

Prüfen Sie, was Sie im Leben „geschafft" und „nicht geschafft" haben. Wie oft haben Sie sich schon vorgenommen, Ihr Leben zu verändern, abzunehmen, zu sparen oder es sich endlich einmal gut gehen zu lassen, die Partnerin, den Partner zu verlassen, den Beruf zu ändern und etwas ganz anderes zu machen, und haben es doch nicht getan?

Warum legen Sie sich nicht in den Liegestuhl, wenn draußen die Sonne scheint? Nur weil die Küche noch nicht sauber ist? Hören Sie vielleicht dann Ihre Mutter sagen: „Nur wenn man die Arbeit getan hat, darf man sich ausruhen"? Oder essen Sie möglicherweise auch Nahrungsmittel, die Ihnen gar nicht schmecken, nur „weil man Essen nicht wegwerfen darf", obwohl Sie sich schon lange vorgenommen haben, nur mehr gesund zu leben und auf Ihr Körpergewicht zu achten.

Suchen Sie Ihre Vergangenheit nach Veränderungen ab, die Ihnen gelungen sind, und nehmen Sie diese Verhaltensweisen als Rezept. Manchmal braucht man dazu professionelle Hilfe, werten Sie es als moderne Lebensgestaltung, von Zeit zu Zeit eine Psychologin/einen Psychologen aufzusuchen und mit ihrer/seiner Unterstützung eine „neue Autobahn im Kopf" zu bauen.

## Fallbeispiel

*Frau G., eine 45-jährige Frau, gab, weil ihr Mann es wollte, ihren Beruf als Krankenschwester auf, als sie Kinder bekam. Als die Kinder 15 und 18 Jahre alt waren, überlegte Frau G., wieder in ihren Beruf zurückzukehren; sie war mit Leidenschaft Krankenschwester gewesen. In dem Krankenhaus, in dem sie gearbeitet hatte, suchte man Krankenschwestern. Man hatte ihr viele Male signalisiert, dass man sich freuen würde, wenn sie wiederkäme. Aber ihr Mann erlaubte das nicht. Genauso wie ihr Vater ihrer Mutter nicht erlaubte, wieder in den Beruf zurückzukehren. Frau G. hatte also niemanden, der ihr Mut gemacht hätte und ihr innerer Glaubenssatz war „Eine Frau gehört in den Haushalt, sonst funktioniert eine Ehe nicht", so wie sie es von ihrer Mutter immer gehört hatte. Sie erkrankte an Brustkrebs, den man glückerlicherweise sehr früh entdeckte, und konnte nach mehreren Therapien und einer Operation wieder gesund werden. Im Krankenhaus wurde sie von der dort tätigen Psychologin routinemäßig besucht und in den Gesprächen mit ihr fand Frau G. den Mut, ihr Leben zu verändern. Sie lud ihre ganze Familie zu einem „Veränderungsfest" ein, die Kinder hatte sie eingeweiht, diese unterstützten sie. Jeder sollte bei diesem Fest sagen, was sie/er gerne in ihrem/seinem Leben anders hätte und was sie/er brauche, um dieses Neue einzuführen. Als sie dann an der Reihe war, sagte sie, sie würde gerne wieder als Krankenschwester arbeiten, sie brauche aber dazu den Segen ihrer Familie, denn nur dann könnte sie den Kranken wirklich helfen. Denn wenn sie im Konflikt mit der Familie wäre, würde das für sie nicht möglich sein. Ihre Kinder kamen sofort mit Angeboten, wie sie sie dabei unterstützen wollten, und so gelang es nach und nach, auch die anderen Familienmitglieder ins Boot zu holen.*

## KLÜGER WERDEN

Unsere Möglichkeiten, die Hirnleistung zu steigern, sind an kein biologisches Alter gebunden. Wichtig ist zunächst, der Angst zu entkommen, man könnte nichts Neues mehr erlernen. Heute ist bekannt, dass Lernen im Angstmodus fast unmöglich ist. Wenn wir Angst haben, ist unser Hirn ausschließlich darauf ausgerichtet ist, den Quellen der Angst zu entkommen. Freude erleichtert das Lernen. Speziell die Vorfreude darauf, sich von den Fesseln ungünstiger, vielleicht aus der Kindheit übernommener Verhaltensweisen zu befreien, mobilisiert ungeahnte Kräfte.

Dazu gehört zum Beispiel, dass man sich deutlich vorstellt, wozu einem das Neuerlernte nützen wird. Je phantasievoller man eventuelle Lernhindernisse aus dem Weg räumt, desto mehr Erfolg wird man haben.

Gehen Sie auch davon aus, dass, je verzwickter und komplizierter eine Verhaltensänderung, die Sie erlernen wollen, ist, sich desto mehr neue Gehirnverbindungszellen bilden und das eigene Handlungsrepertoire in schönster Weise erweitern. Das Wichtigste dabei ist, sich etwas zuzutrauen und Verständnis für sich selbst zu haben. Wer in seine Kindheit hineinblickt, darf ruhig ein bisschen melancholisch und traurig sein, denn was traurig war, wird immer traurig bleiben, niemand kann seine Vergangenheit ändern, man kann aber anders darüber denken. Es geht darum zu wissen, dass man heute erwachsen ist und sein Leben unabhängig von den Personen, die es damals so traurig gemacht haben, steuern kann. Traurig sein können gehört auch zu einem geglückten Leben; es geht darum, damit auch wieder aufhören zu können.

# GLÜCKSKIND STATT PECHVOGEL

Wenn ein Kind von seinen Eltern als „Glückskind" gesehen wird und ihm das immer wieder vorgesagt wird, nimmt es diesen Glauben in sein Leben mit, ebenso wie ein „Pechvogel" ein Selbstbild von sich entwickelt, immer das Unglück anzuziehen.

Fast könnte man sagen, die Anlage zum Glücklichsein wurde einem in die Wiege gelegt, nicht von irgendwelchen außerirdischen Mächten, sondern von liebenden und sich ihrer Einflusskraft bewussten Eltern.

Auch trotz schwerer Kindheit kann es gelingen, das Glück anzuziehen. Schon der große Denker und Arzt Karl Jaspers erinnert in seinen Werken immer wieder daran, dass der Mensch der Gestalter seines Leben ist, sein muss. Man könnte sich also ein Verhalten aneignen, wo man sich im metaphorischen Sinn wie einen Magneten sieht, der das Glück anzieht.

# HOLEN SIE DIE GLÜCKLICHMACHER IN IHR LEBEN

Lebenslust, Vertrauen, Sinn, Kraft und Stärke, Zuversicht, Gelassenheit, Großzügigkeit, Geborgenheit, Herzenswärme, Freundschaft, Zuverlässigkeit, Leistungsbereitschaft, Hilfsbereitschaft, Mut, Verantwortungsbewusstsein, Anerkennung, Lob – das sind echte Glücklichmacher, und zwar auch dann, wenn Sie die Geberin/der Geber dieser Gefühle sind.

Man kann nur geben, was man hat, ist ein unwiderlegbare Aussage. Demnach hat jemand, der Gefühle weitergibt, diese auch selbst. Wer also Anerkennung gibt, hat selbst dieses gute Gefühl in sich. Leider gilt das auch für das Gegenteil: Wer Wut hat, steckt sehr schnell die anderen damit an.

Bedauerlicherweise wurden uns in Kindertagen diese guten Gefühle viel zu wenig geschenkt, mit der Folge, dass viele Menschen unter Ängsten, Stress, Kränkungen, Verlustgefühlen, Ablehnungsgefühlen, Kälte und Einsamkeit leiden. Wie wichtig aber die seelische Befindlichkeit auch für unsere körperliche Gesundheit ist, zeigen neueste Studien deutlich auf. Gerade in Zeiten widriger Lebensumstände brauchen wir unsere seelischen Ressourcen.

## GLÜCKSGEFÜHLE ENTSTEHEN IM KOPF

Für Glücksgefühle sind bestimmte Botenstoffe im Hirn verantwortlich. Der König der Glücklichmacher ist das Neuro-Hormon Dopamin, weitere Glückshormone sind Noradrenalin, Serotonin, Oxytocin und die Endorphine. Diese Botenstoffe sind unsere selbst produzierten Überträger und Signalmoleküle, die Glücksbotschaften zwischen den Nervenzellen herumtragen. Ohne sie ist kein Glücksempfinden möglich. Wobei der König, das Dopamin, weit mehr als nur der Botenstoff des Glücks, der Lust und des Vergnügens ist: Dopamin löst unser Begehren, Wollen, freudige Erwartung aus, erhöht unsere Aufmerksamkeit und unser Interesse, erzeugt Freude, Vergnügen und Begeisterung. Dopamin wirkt geradezu wie ein Scheinwerfer, der unsere Aufmerksamkeit auf alles denkbar Angenehme, Erfreuliche und Vergnügliche lenkt und uns hilft, uns lange anhaltend glücklich zu fühlen.

Bewegung in der Sonne hilft, Dopamin zu produzieren. Wer also viele Glückshormone produzieren will, bewegt sich so viel wie möglich in der Natur. Wobei Laufen, Walken und Bergwandern die Königsdisziplinen sind.

*„Alle Gelegenheiten, glücklich zu werden, helfen nichts, wer den Verstand nicht hat, diese Gelegenheiten zu nutzen!"*, sagte der große deutscher Dichter Johann Peter Hebel. Glücklichsein kann man lernen. Es sind bestimmte Haltungen, die es einem Menschen leichter machen, glücklich zu werden. Am wichtigsten dabei sind ein hohes Maß an Selbstwertgefühl und gute Kontakte zu anderen Menschen. Jeder Mensch ist grundsätzlich in der Lage, sein Verhalten so zu ändern, dass es ihm möglich wird, Ressourcen zum Glücklichsein zu erschließen.

**Glück ist immer hier und jetzt.** Wer lernt, den Augenblick zu genießen und das, was man macht, mit Achtsamkeit zu gestalten, begünstigt die Ausschüttung von Glückshormonen. Dazu gehört, Zeit und Energie in die richtigen Dinge zu investieren, sich auf das Wesentliche im Leben zu konzentrieren und sich immer wieder darin zu üben, nach dem Guten und Schönen zu suchen, anstatt überall ein Haar in der Suppe zu finden.

Gelassenheit und Großzügigkeit sind die großen Schwestern von Glück. Üben Sie sich in Gelassenheit, versuchen Sie nicht, das Glück zu erzwingen. Wer das beherzigt, hat alle Chancen, dem Glück ein schönes Zuhause in der Seele zu geben. Schon Epiktet sagte: *„Es gibt nur eine Methode, glücklich zu werden. Wir müssen aufhören, uns über Dinge Sorgen zu machen, die wir mit der Kraft unseres Willens nicht beeinflussen können."* Oder aus der „Fledermaus": *„Glücklich ist, wer vergisst, was doch nicht zu ändern ist."* Wer diese Einstellung zu Dingen, die sie/er nicht ändern kann, in ihr/sein Leben einbaut, wird erkennen, dass der größere Teil aller Dinge im Leben Ordnung ist, nur etwa zehn Prozent sind es nicht. Wenn wir glücklich sein wollen, sollten wir unser Augenmerk auf das Gute im Leben konzentrieren, und den kleineren Prozentsatz als eine interessante Herausforderung bewerten.

Eine wahre Quelle für Glücksgefühle ist die Dankbarkeit. *„Der Undank ist immer eine Art Schwäche. Ich habe nie gesehen, dass tüchtige Menschen undankbar gewesen wären"*, sagte Johann Wolfgang von Goethe. Die moderne Hirnforschung hat das nun insofern bestätigt, als aufgezeigt werden kann, dass, wer dankbar ist, sein Belohnungszentrum im Hirn aktiviert. Dankbarkeitsgefühle sind durch den gleichen Hormoncocktail ausgelöst wie Glücklichsein. Nehmen Sie jeden Anlass wahr, sei er auch noch so klein, zu danken. Auch wenn es nur mehr in Gedanken ist, weil die Menschen, denen Sie für etwas dankbar sind, schon gestorben sind. Erinnern Sie sich auch daran, wie kränkend es sein kann, wenn man keinen Dank erhält, und wie viel Freude es erzeugt, wenn einem jemand für etwas dankt.

# DREI GESCHICHTEN AUS DEM LEBEN

N., eine dreißigjährige Frau, in einem Kreativberuf tätig: *„Meine Kindheit war eigentlich wunderschön. Eigentlich, weil ich erst mit 29 Jahren dankbar für die Fehler meiner Eltern bin und diese Erkenntnis mich heute stark macht. Meine Eltern haben immer ihr Bestes gegeben und aus Liebe gehandelt. Trotzdem passierten Verletzungen. Diese äußerten sich in Schuldzuweisungen, Verboten, Strafen, Kontrollen und Bestimmungen. Was mich in meiner Kindheit traurig machte, wandelte sich in meiner Jugend in ein destruktives Verhalten gegen mich selbst. Mein kleines bisschen Rest-Selbstwert galt es nun zu beschützen – mit viel Schokolade. Und noch mehr Schokolade! Fett und Selbstwert vertrugen sich allerdings nicht, welche Überraschung … Mit 19 Jahren ermöglichten mir eine liebe Freundin und in weiterer Folge meine Eltern den Zugang zu einer Psychologin. (Ich bin ihnen allen zutiefst dankbar dafür.) Nach fast 10-jähriger gemeinsamer Arbeit und vielen Höhen und Tiefen habe ich endgültig meine Milka-Rüstung abgelegt und mein Selbstwert konnte endlich wieder zu wachsen beginnen. Rückblickend würde ich trotzdem alles wieder so erleben wollen, da es mich zu dem Menschen gemacht hat, der ich heute bin."*

C., eine 50-jährige erfolgreiche Zeitungsherausgeberin: *„Ich war ca. sechs oder sieben Jahre alt, als ich mit meiner Mutter auf einem Bauernhof war. Ein anderes Kind sagte zu mir: ‚Komm, gehen wir Rad fahren.' Ich war sofort einverstanden – setzte mich aufs Rad und fuhr. Na ja, ich war schneller vom Rad unten, als ich denken konnte. Natürlich setzte ich mich wieder drauf und fuhr als Nächstes gegen einen Zaun, wieder ein Sturz. Ich stieg wieder auf und dann dauerte es bis zum nächsten Sturz schon ein paar Meter. Da hörte ich im Hintergrund meine Mutter rufen: ‚Huch, das Kind kann doch gar nicht Rad fahren.' Auf die Idee, dass ich das nicht könnte, bin ich gar nicht gekommen. Ich hab mich halt einfach draufgesetzt und nach vier bis fünf Stürzen ging's ja schon, ein bisschen* *wackelig halt. Aber ich hab sehr schnell gelernt, wie man das Gewicht verlagern muss, und dann ging's hervorragend. Die Moral aus der Geschichte: Ich mache einfach und denke nicht lang darüber nach, nach dem Motto: Das werden wir dann schon sehen und irgendwie geht's immer!"*

P., ein 40-jähriger erfolgreicher Unternehmer, der ein Traditionsunternehmen vom Vater übernahm: *„Meine Kindheit war so glücklich, dass ich mir zwei Kindertage aufheben wollte. Ich dachte mir, als ich etwa acht Jahre alt war, ich möchte zwei Tage irgendwo verstecken und für später aufheben. Wenn ich sie dann auspacke, muss alles wieder so sein, wie damals, der Garten, die Pferde, meine Mutter, mein Vater, meine Freunde ..."*

## MAGISCHE SIEBEN WORTE

Es ist nicht notwendig, in gelebte Lebensalter zurückzukehren. Loszulassen und nach vorne zu blicken, ist angesagt, und sich an den magischen sieben Worten festzuhalten, die sagen:

**ERST VERGÄNGLICHKEIT
MACHT DIE WELT SO SCHÖN.**

Wenn wir die Orte unserer Kindheit wieder aufsuchen, sehnen wir uns nicht nach bestimmten Plätzen zurück, sondern nach den Gefühlen, die sie in uns auslösen.

Glück – sich glücklich fühlen – ist eine Leistung unseres Gehirns. Bestimmen Sie selbst, was Sie glücklich macht.

*„Niemand weiß, wie weit seine Kräfte gehen, bis er sie versucht hat."* (Johann Wolfgang von Goethe)

# LITERATUR- UND QUELLENVERZEICHNIS

Bowlby, John C. in: Grossmann, Karin & Grossmann, Klaus
E.: Bindungen. Das Gefüge psychischer
Sicherheit. Klett-Cotta, Stuttgart, 2004

Damasio, Antonio R.: Ich fühle, also bin ich. Die Entschlüsse-
lung des Bewusstseins. Ullstein Taschen-
buchverlag (List), München, 2002

Goethe, Johann Wolfgang v.: Maximen und Reflexionen

Hogarth, Robin M.: Educating Intuition.
University of Chicago Press, Chicago,
2001

Kierkegaard, Søren: Entweder – Oder

Leboyer, Frederick: Das Geheimnis der Geburt.
Kösel, München, 1997

Platon: Gesammelte Werke

Universität Marburg:
http://archiv.ub.uni-marburg.de/diss/z2009/0594/

Frankfurter Allgemeine Zeitung:
http://www.faz.net/s/Rub268AB64801534CF288DF-
93BB89F2D797/Doc~EFFAD72145EAD472498043FB4B095E
97E~ATpl~Ecommon~Scontent.html

Journal of Epidemiology and Community Health:
http://jech.bmj.com

Duke University:
http://www.duke.edu